ちくま文庫

ルポ　アフリカに進出する日本の新宗教　増補新版

上野庸平

筑摩書房

目次

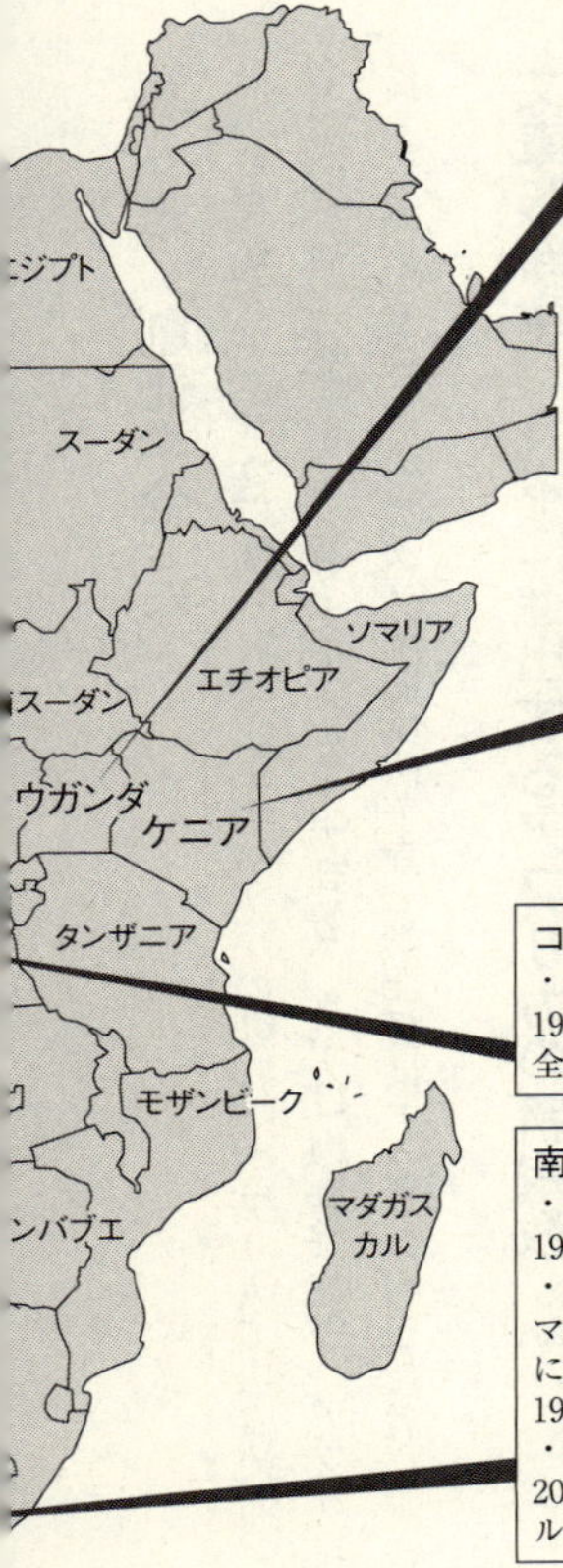

ウガンダ
・統一教会
2004年　元大統領が合同結婚式で日本人女性と結婚
・幸福の科学
2008年　支部設立
2011年　精舎落慶
2012年　大川隆法総裁来訪
・天理教集会所
・バハイ礼拝堂

ケニア
・創価学会
1970年代　活動開始
・真如苑
2012年　伊藤真聰苑主来訪。現地で法要を実施

コンゴ民主共和国
・統一教会
1975年　日本人宣教師が伝道・教会設立
全土に教会施設が存在

南アフリカ共和国
・サイエントロジー
1957年から活動
・創価学会
マンデラ元大統領、獄中で池田大作名誉会長のエッセーに感銘を受ける
1990、95年　来日した際に池田大作と会談
・幸福の科学
2013年　ネルソン・マンデラの霊言刊行。同年　HSネルソン・マンデラ基金設立

＊統一教会、創価学会はほぼアフリカ全土で活動。
世界救世教はアンゴラを中心に周辺国や同じポルトガル語圏のモザンビーク、サントメ・プリンシペ等へ波及している。

崇教真光はコートジボワールを中心に同じフランス語圏の周辺国に波及している。

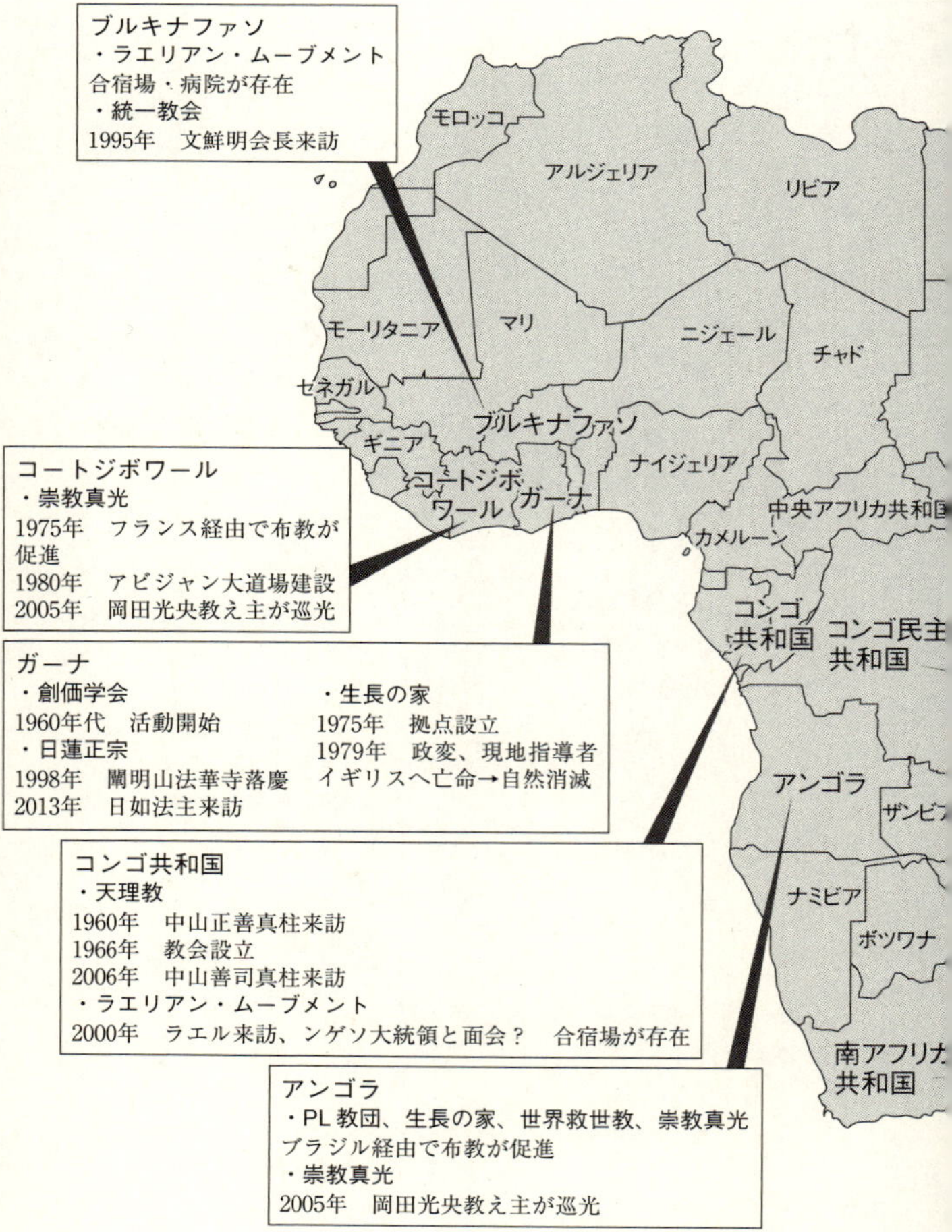

ブルキナファソ
・ラエリアン・ムーブメント
合宿場・病院が存在
・統一教会
1995年　文鮮明会長来訪
モロッコ
アルジェリア
リビア
モーリタニア
マリ
ニジェール
チャド
セネガル
ブルキナファソ
ギニア
コートジボワール
ガーナ
ナイジェリア
中央アフリカ共和国
カメルーン
コンゴ共和国
コンゴ民主共和国
アンゴラ
ザンビア
ナミビア
ボツワナ
南アフリカ共和国
コートジボワール
・崇教真光
1975年　フランス経由で布教が促進
1980年　アビジャン大道場建設
2005年　岡田光央教え主が巡光
ガーナ
・創価学会
1960年代　活動開始
・日蓮正宗
1998年　闡明山法華寺落慶
2013年　日如法主来訪
・生長の家
1975年　拠点設立
1979年　政変、現地指導者イギリスへ亡命→自然消滅
コンゴ共和国
・天理教
1960年　中山正善真柱来訪
1966年　教会設立
2006年　中山善司真柱来訪
・ラエリアン・ムーブメント
2000年　ラエル来訪、ンゲソ大統領と面会？　合宿場が存在
アンゴラ
・PL教団、生長の家、世界救世教、崇教真光
ブラジル経由で布教が促進
・崇教真光
2005年　岡田光央教え主が巡光

ルポ　アフリカに進出する日本の新宗教

増補新版

*文中に登場するデータは特に注記がない限り、単行本刊行時点のものである。

まえがき

宗教とは、神・仏などの超越的存在や聖なるものに関わる人間の営み
（『大辞林』小学館より）

文化庁発行の『宗教年鑑』（平成二六年）によると、日本でなんらかの宗教団体に属している人の数は約一億九〇〇〇万人にも上り、人口を大きく上回る。多くの国民は無自覚に神社の氏子《うじこ》であり、かつ寺の檀徒《だんと》であるという歴史的背景があるからである。これはよく知られた事実だ。

それでは、いわゆる新宗教の信者の数はどうかというと、同じく『宗教年鑑』を参考に上位一〇位以内の教団で合計（一世帯は一人と計算）すると、約三〇〇〇万人であり、人口のおよそ二三％になる。二三％と言っても、確かにこの数字はもちろん宗教団体の公表信者数であるから、実数はこれより大幅に少ないという指摘はあろう。

それでは、宗教家の数はどうだろうか。『宗教年鑑』では各宗教法人の「教師数」として六九万六九七一人という数字が示されている。これは人口の約〇・七％である。

「教師」と言ってもこの中には「実家が神社だから神主の資格を取らされた」とか「親が天理教だから修養科に三か月間行かされた」という人もいると思われる。「人口の〇・七％」を多いと捉えるか少ないと捉えるかは人それぞれだ。しかし、「人口の〇・七％」をキーワードに興味深い数字を見つけた。全国の小中学校の教員数である。総務省統計局によると、平成二六年度の全国小中学校の教員数は六七万三〇七人。宗教団体の教師数より約二万人少ない。義務教育の教員よりも宗教家のほうがこの国には多いという事実。つまり、考えようによってはこの国には「学校の先生になりたい」と考えた子供よりも、「宗教家になりたい」と考えた子供のほうが多い、ということになりはしないか。

本書は僕が西アフリカの小国ブルキナファソに滞在していた際に取材・見聞した、アフリカにおける日本の新宗教の活動、信者の考え、信仰心、布教のコンテクスト等をまとめたものだ。

「日本の新宗教を信仰するアフリカ人がいる」という奇妙な事実に対する単純な好奇心が執筆の動機ではあったが、宗教、否、「シューキョー」、時に「シンコーシューキョー」という軽々しい発音で、日本ではある意味好奇の目にさらされることも多い新宗教を、純粋な気持ちで信仰するアフリカ人の姿に接し、図らずも自分の中の宗教観をも自省させられるきっかけとなった。

無自覚に「無宗教」を自称する現代の日本から、世界へ、そしてアフリカにまで多種多様な信仰が伝えられている現実を目の当たりにし、日本は決して無宗教の国ではなく、まさしく、具体的な意味で、信仰に満ち満ちた八百万《やおよろず》の神仏の国なのだということを悟った。

本書に書いた宗教団体に関係して、大小の社会的問題が存在するのは事実である。本書は宗教団体と社会との軋轢《あつれき》に切り込む趣旨ではなく、特に教団に批判めいたことは書いていないため、そこに引っ掛かりを感じる読者がいたとしたら、まず先に謝っておく。

取材中にたくさんの人に出会った。

大川隆法を仏陀《ぶつだ》の再誕と信じたウガンダ人。霊感商法が批判された時代にアフリカで家庭愛を説いた統一教会の日本人妻。内戦に苦しむ国で仏教の慈悲の心を広めたいと願うブルキナファソ人。宇宙人を造物主と敬愛するコンゴ人。岐阜県飛騨高山《ひだたかやま》へ聖地巡礼に赴《おもむ》くコートジボワール人、等々。

彼らの信仰心は多くの場合、純粋だった。純粋ゆえに彼らの姿は、異教徒の地へキリストの福音を伝道したパウロやペテロの使徒行伝を図らずも連想させた。キリスト教もかつてはユダヤ教のラビから「新興宗教」と批判されたこともあったはずだ。日本の新宗教の教団が仮に数百年、数千年後の未来にも世界のどこかで信仰されているならば、我々の生きる現代の出来事は、彼ら未来の信者にとっては「神話」となろう。

本書はそのルポという形式上、学術的な批判に堪えられるものではない。しかし、「遠い異国のアフリカ人が一体どうして日本の新宗教を真理として受け入れ、純粋に信仰するのか」を記録したオーラルヒストリーの資料にはなると思っている。

第1章　ラエリアン・ムーブメント

「科学は宗教に代わる」

日本で生まれた新宗教ではないが、日本人の会員も多い「ラエリアン・ムーブメント」のルポから始めよう。

「ラエリアン・ムーブメント」については少し説明が必要だろう。一言で言えば、「宇宙人が人間を作った」ということを信じている団体である。

一九七三年にカーレース雑誌編集者だったフランス人のラエル（本名クロード・ヴォリロン）が、フランスの中部クレルモン・フェラン市西郊ピュイ・ド・ラソラという山の噴火口で地球外生命体エロヒムに遭遇し、宇宙人が人間を作ったという「真実のメッセージ」を伝授された。そして「メッセージ」を全世界に広め、来るべき日に地球へエロヒムを迎え入れるための大使館の建設を目標とするラエリアン・ムーブメントが設立された。創設者のラエルは預言者であり、かつ弥勒菩薩《みろくぼさつ》であるという。

公式サイトから無料でダウンロードできるラエルの著書『地球人は科学的に創造された』には、ラエルがエロヒムと出会いUFOに搭乗した経緯や、「ノアの箱舟とバベルの塔は宇宙ロケット」、「古代都市ソドムとゴモラが滅びたのは原子爆弾の爆発」という創世記の真実、「キリストが水面を歩いたのは反重力光線を用いたからで、病人を治療したのはレーザーで患部を焼いたから」という聖書の奇蹟の説明、さらには政治論、教育、倫理などの人生哲学まで幅広い内容が記されている。ラエルがUFOに乗って彼らの惑星に連れて行かれたときのエピソードでは、キリストやモーゼ、仏陀やムハンマドなどの過去の預言者たちのクローンと食事を共にした様子まで描写されている。

『地球人は科学的に創造された』（仏語版）：ラエリアン・ムーブメント公式ホームページより

フランス人が始めた宗教なので仏語圏を始め全世界に支部を持つが、なぜか日本人のメンバーが世界で一番多いらしく、ラエル自身も活動の本拠地を日本に移して沖縄に在住し、二〇一〇年には千葉県の成田空港近くに「弥勒《みろく》菩薩《ぼさつ》光臨堂《こうりんどう》」と称する仏教寺院のような外観の施設を建設している。おおむね毎月、日本各地の公共施設で宇宙人・UFOの写真展や映像上映会、セミナーが行われており、多くは入場無料で無理に勧誘されることもない（理由は後述）。

「科学」はラエリアンにとって重要なキーワードであり、彼らのキャッチフレーズには「神はいない」、「クローン人間にイエス！」、「科学は宗教に代わる」と謳《うた》われる。彼らは自分たちの考え方を「宗教」というよりも「科学的な真実」としているので、「思想団体」と呼んだ方が正しいかもしれない。日本でも宗教法人格は持っていない。

ブルキナファソに初めてラエルが訪れたのが一九七〇年代、八〇年代初頭にはセミナーが開かれ、支部が作られた。二〇〇五年には一〇〇〇人規模の集会を開いたそうで、そこには日本からも数人の信者が訪れたそうだ。

ラエリアンとの出会い

ラエリアン・ムーブメントのホームページには顔写真付きで「各国のラエリアン」が紹介され、顔写真の下に各個人の電話番号が掲載されている。なお、メンバーを団体名同様「ラエリアン」と称するようだ。電話をかけてみたが、不通だったので代表のアドレスにメールを送った。数日後に返事が来てブルキナファソ在住のラエリアンを紹介してもらえることになった。

ベオゴさん。大柄な四三歳のラエリアン。離婚歴あり。十数年前から植物の成分を加工した生薬《しょうやく》を作る仕事をして生計を立てている。生薬の加工は二〇〇〇年から軌道に乗り始め、今では街中に小さな薬局も持てるようになった。薬局では西アフリカの民間療法で使われていた草や木の葉・枝を砕いてエキスを抽出し飲みやすいようなシロップにしたり、お茶にしたり、石鹸《せっけん》にしたりして売っている。黒い肌に鼻筋の通った顔がどこか無国籍な雰囲気を感じさせる。

「私がメッセージを受け取った（「ラエリアン・ムーブメントを知った」の意味）のは、二〇〇三年です。ラエリアンになる以前はキリスト教徒でした。宣教活動で日本や韓国にも行ったことがありますよ。あれは確か一九九二年のことです。ええっと、日本語で夜のあいさつはなんでしたっけ？……ああ、忘れてしまいました。まあ、日本にいたのは数週間でしたからね。少しだけは覚えたのですが、なにせ二〇年も前のことなので」

初めて出会ったラエリアンは日本滞在経験があるという。なんという偶然だろう。

——どうしてラエリアンになったのですか？

「メッセージに感銘を受けたからですよ。メッセージはすべてを解き明かしていますから。実は一九九二年に一度、トーゴ（ブルキナファソの隣国）のラエリアンに『地球人は科学的に創造された』という本を見せてもらったことがあったんですよ。その本にとても感銘を受けました。『なんだ、この本は！　素晴らしい！　すべての謎が明確になっているじゃないか！』と。そこでそのトーゴ人にどこに行けばラエリアンに会えるのかを聞きましたが、彼が言った地名が間違っていて、その時はラエリアンに会うことはできなかった」

――二〇〇三年になってからやっとラエリアンに会えたのですか？　一〇年も待ったわけですね？

「そうです。一〇年かかったのです。二〇〇三年に支部の場所を知った後、急いでそこに行きました。待ちきれなかった私は、ラエリアンの門を叩いて、『いつ洗礼をしてくれるんだ？　私は早くラエリアンになりたいんだ！』と言いましたよ。そしたら、『待ってくれ。洗礼をする日は決まっているんだ』と言われました（笑）」

――ブルキナファソにラエリアンは何人くらいいますか？

「イベント参加しただけの延べ人数では四〇〇〇人以上はいると思いますが、活動をしているのは一五〇人程度でしょう。国内の各地域にガイド（伝道師）とガイドを補佐する人間がいます。カマ（ラエリアン用語で「アフリカ大陸」の意味）全体の代表はコートジボワール人です」

――ラエリアンになる前はキリスト教徒だと仰っていましたが。

「はい。韓国のキリスト教会に入っていました。日本へ行ったり、イタリアへ行ったり、宣教活動をしていました。日本へ行ったのは一九九二年でその時に日本人女性と結婚もしました。彼女は〝キエコ・ナカヤマ〟と言いました。日本の方もたくさんいるので、きっとご存じですかね？」

韓国のキリスト教で、宣教で数週間だけ日本に行って、日本人と結婚して……。

――それは、「統一教会」ですか？

「ええ、そうです。ソンミョン・ムン（文鮮明）の教会、統一教会です。結婚をしてからは、彼女は日本、私はアフリカで文通です。知っていますか？　統一教会では結婚してから数年は離れて暮らさなければなりません。声も聴かないし、性的関係もないのです。それが原因ではありませんが、統一教会は一九九七年にやめました。教会の教えは不完全なものに見えました。彼女に統一教会をやめることを伝えると、『教会をやめるなら結婚も終わりだ』と言われ、別れました。今でも彼女の日本語の手紙は大切に持っていますよ。統一教会の日本人も知っています。○○さんとか、○○さんとか。今でも会うかですって？　まあ会いますよ。会うと教義を聞かされますが（笑）。なので、教会には行きませんがね。個人的に知ってはいます」

こんなアフリカの小さな国で出会ったラエリアン・ムーブメントの信者が、元統一教会信者で日本人と合同結婚をしていたという事実に大変驚いた。

「でも、あなたのようにコンタクトをしてくれる人はあまり多くありません。なぜならば誰しもがラエリアンになれるわけではない。ラエリアンとして預言者ラエルの補佐をできるわけではないからです」

——どういうことですか?

「ラエルを助けることのできる遺伝子を受け継いでいるかどうかが重要なのです。ラエリアンの遺伝子がない人はラエリアンになれません。ラエルを助けて地球外生命体エロヒムの大使館を共に作ることのできる人は限られています。多くの人はラエリアン・ムーブメントの存在を知っても盲人のように通り過ぎるだけです。目が見えない人の前で手を振っても気づかないでしょう、それと同じことです。あなたのようにサイトを見て関心を持ってコンタクトをくれる人は少ない。とにかく、日曜日に集会があるのでぜひいらしてください」

オープンなのか、閉鎖的なのか。「メンバーになれる人は限られている」というのは珍しい気がする。

テレパシー交信

ラエリアン・ムーブメントのブルキナファソ支部は、ワガドゥグ市街地から空港を通り過ぎて郊外へ向かう幹線道路を左折し、路地に入って少し奥まったところにある。

路地を挟んで市庁舎の建物がすぐ隣だ。「場所はきっとすぐにわかりますよ。塀にラエリアンのマークが書かれていますから」。ベオゴ氏から言われた通り、赤茶色の塀には白いペンキで六芒星《ろくぼうせい》と卍のラエリアンのシンボルが描かれている。

「ウエノさん！　ようこそ、来てくれましたね！　ではでは、どうぞ中へお入りください」

車から降りるとベオゴ氏が笑顔で迎えてくれた。建物は元々あった民家をそのまま使っており、集会があるとき以外はメンバーがそのまま住居として使っている。平屋で中庭から大広間に直接出入りできる仕組みになっており、どうやらこの大広間が集会所らしい。一五畳ほどの大広間の中はマットとゴザが敷いてある。左手の壁一面には三メートル四方くらいの巨大なラエルの写真が布にプリントされている。

奥には掲示板があり、直近に予定されている行事の予定表が貼り付けられている。その横には、一九七五年にラエルが二度目に宇宙人＝エロヒムに遭遇した際に詳細を説明されたという「エロヒムを地球に迎え入れるための大使館」の完成見取り図の写真が飾られている。

中庭ではベオゴ氏を含む数人の男性が八月一二日からのセミナーの会議をしており、胸には全員が六芒星のペンダントをしている。その場にいた人たちと談笑をして二、

ラエリアン・ムーブメントワガドゥグ支部の塀

支部室内。ラエルの肖像画が掲げてある

三〇分たつと、徐々に人が中に集まり始め、すぐに部屋がいっぱいになった。

不意に瞑想が始まり、瞑想の手順を指示するフランス語のレクチャーが川のせせらぎや鳥の鳴き声と共にＣＤで流される。

一一時になり瞑想が終わると、上半身だけ起こしてそのまま壁沿いに車座になり、エロヒムとのテレパシー交信（トランスミッション）が始まった。それまで仰向けになっていたのでよく見えなかったが、参加人数は四〇人ほどのようだ。集会を仕切るのはブルキナファソ支部代表のダー氏だった。

「さあ、では、エロヒムとテレパシー交信を始めようか」

「テレパシー交信」は、上半身だけ起こし、あぐらをかいた姿勢で始まる。目を閉じて上を向き、手のひらを上に向けている人が多い。

ダー氏はしばし余談をした後、おもむろに目を閉じて「テレパシー交信」を始めた。

「エロヒム、あなたがたはそこにいらっしゃいます。私はあなたがたが私たちを見守っておられることを知っています」

「エロヒムよ、私は、あなたがたが遣わされたクロード・ラエルを私の教導者と認め、彼を信じ、そして、彼に託されたメッセージを信じます」

ベオゴ氏はテレパシーについて、「エロヒムの持っているコンピュータに対してテレパシーで交信を試みる」と言っていたが、実際、そのテレパシー自体は、目を閉じてただ静かに黙々と祈りの言葉をつぶやいているだけだ。

一一時半にテレパシーは終わり、床に車座のまま質疑応答の時間に入った。前日にベオゴ氏からは一二時頃までに集会は終わると聞いていたが、初回参加者が多かったからか、非常に議論が白熱し、一三時頃までかかってしまった。

モットーは「強制しないこと」

質疑応答は以下のような内容であった。

――ラエリアンは一体、他の宗教にはないどんなものを私にくれるのですか？（初参加の女子大生からの質問）

「モーゼ、イエス、ムハンマド、彼らは預言者です。そして、彼らも彼らの時代に適したものに信仰を正しながら、信仰を変えて伝えていったのです。しかし、例えばイスラム教は七世紀にできたものです。それが、そのまま今の時代に適用できますか？できるわけがないのです。ムハンマドは『イスラームの教えを海を越えて広めよ』と言いました。今日では海ではなく、電話やインターネットを使えます。カトリック教会では天使の色は白く、悪魔の色は黒いです。だからヨーロッパ人たちは我々黒人を悪魔と見なし、四〇〇万人ものアフリカ人をアメリカへ奴隷として連れて行ったのです。ラエリアンはそんなことは考えません。ですから、ラエリアンは他の宗教より優れた、より進んだ教えなのです。エロヒムのメッセージに気づくべきです。現にたくさんのUFOが地球に来ているじゃないですか」

——イスラム教徒であるのと同時にラエリアンになれますか？（男子学生からの質問）

「さっきの質問と同じことの繰り返しになりますね。例えば、あなたは小学生と中学生に同時になれますか？　または、バイクと自転車と車を同時に運転できますか？　小学校に在学すると同時に中学校に在学することは可能かもしれませんが、小学生の勉強をマスターしたからこそ中学生になれるのではないですか？　ラエリアンはイスラム教よりもより進んだものなのですから、ラエリアンであり、同時にイスラム教徒であるということは、〝不可能〟というよりも〝無意味〟なのです」

——ラエリアンの目標の一つはエロヒムを迎える大使館の建設と言いますが、いつ地球外生命体はやって来るのですか？　いつまで待たなければいけないのですか？（僕からの質問）

「エロヒムは預言者ラエルに対していつ来ると正確に言ったわけではありません。エロヒムを迎える準備をしろと言っただけです。逆に言うとラエルを補佐してエロヒムを迎えるのに充分な数の人々がいないとエロヒムは来てくれません。ただ、二〇二五年から二〇三五年までの間、遅くとも二〇三五年にはやって来ると言われています」

質疑応答を取り仕切ったのはワガドゥグを含むブルキナファソ中部地域のガイドのワショー（あだ名）氏だ。非常に流暢に、時折ユーモアを交えながらあらゆる質問に対して分かりやすい例を挙げながら哲学的な回答をする。「来週ラエリアンになるための洗礼がありますが、あなたは参加しますか？」と不意に聞かれ、答えに窮していると、「それ（不参加）もいいでしょう。我々ラエリアンのモットーは『強制をしないこと』ですから。強制をすると人は幸福になりえません。我々が唯一強制していること、それは〝非暴力〟です」と言われた。

「強制をしないこと」についてはラエリアンの共通認識で、ブルキナファソ支部長のダー氏も強調する。別の集会でも同じような話になり、口角泡《こうかくあわ》を飛ばしながら彼はこう言った。

「ラエリアンになることをあらゆる人に強制してごらん。きっと皆いらいらするだけでしょう。考えてみてください。『人類全てがラエリアンでなければならない』だなんてそんなこと不可能でしょう？　我々は我々の側からラエリアンの考えを押し付けたりしない。例えば、このラエリアンのペンダントを見て、興味を持つ人がいます。

そういう人にはオープンに全てを話してわかってもらう。五〇日前に作られた食べ物（他の宗教）を食べようが、今日できたばかりの食べ物（ラエリアン）を食べようがそれはその人の勝手です。決してファナティックになってはいけません」

質疑応答は「宇宙人・地球外生命体」「UFO」「テレパシー」や、「地球人は実験室で作られた」などと言わなければ、真面目な人生論や哲学の説法を聞いているような感じがする。

ワショー氏の言葉のなかでも驚いたのが、南部を除くアフリカ大陸のほぼ全土で行われている女子割礼《かつれい》（女性器切除）に関する発言だ。

「ラエリアン・ムーブメントはボボジュラソ（ブルキナファソ西部の都市）の近郊に病院を建てようとしています。これは性器切除を被った女性がクリトリスを再生するためです。人はエクスタシーを取り戻さなければなりません。ラエリアンの目標は幸福・快楽の追求でもあります。クリトリス再生の手術は当然無料であらゆる人に開放されます」

後述するが、ラエリアン・ムーブメントはセックスを「官能瞑想」と呼んだり、性選択の自由やジェンダーフリーを主張するフリーセックス主義（単に「乱交」という意味ではない「性に自由な考え方」という意味）を採っており、その一環としてアフリ

jeune afrique 誌（仏語のアフリカ情報誌）に掲載された風刺画「女性の日に何をくれるの？」「クリトリスさ！」：jeune afrique ウェブ版より

カの女子割礼に反対する運動をしている。この病院はブルキナファソの日刊紙「オプセルヴァトゥール」によれば、「オピタル・ドゥ・プレジール（快楽病院）」として二〇一四年に三月八日の「世界女性の日」に合わせて完成し、同日にオープニングセレモニーは行ったものの、ブルキナファソで有効な医師免許を持つ者がおらず、正式な病院としての開業許可が政府から下りていないそうだ。なんでもブルキナファソのキリスト教会が政府に圧力をかけて開院を阻止しているとのこと。

ラエリアンはフリーセックス団体か？
（アフリカでの事例）

「ボボジュラソに着いたら連絡をください。迎えに行きますから。初参加の方は一人では行けないと思うので、合宿場まで一緒に行きましょう」

ラエリアン・ムーブメントのセミナーに参加するため、首都ワガドゥグから車で五時間、ブルキナファソ第二の都市ボボジュラソにやって来た。ワガドゥグのガイド、マダム・アビさんと待ち合わせをして合宿場へ向かう車に乗った。車は市内から西へ向かう幹線道路を一五分ほど走ったところ、道路が有料道路に切り替わる料金所の手前で六芒星に卍の看板を目印にオフロードを左に入り、ただのブッシュ、灌木《かんぼく》地帯を抜けて行く。

合宿場までの道はでこぼこだ。道なき道を突き進んでいくこと約二〇分、途中岩肌がむき出しになった坂道を何度か下ると今度は道の両側が森に変わり、しばらくすると藁《わら》葺《ぶ》き屋根のバンガローがたくさん見えてきた。

「着きました。ここが合宿場です」

まるで大きなキャンプ場だ。バンガローは岩造りと藁造りを合わせて二〇戸以上はあるだろう。アフリカの森の中なのに、生活用水は井戸からの汲み上げではなく、水道から供給される。バンガロー以外にもカマボコ兵舎型の集合宿舎や、さらに講堂として三〇〇人収容の藁葺きの大ホール（サーカスのテントのような形）も存在する。既存のキャンプ場を期間中だけ借りているわけではなく、なんとこれは全てラエリアンの所有らしい。この規模には驚いた。

カルト宗教事情を専門に扱うニュースサイト「やや日刊カルト新聞」によると、日本では、ラエリアン・ムーブメントはホテルで開催される合宿形式のセミナーで、ホテルのカラオケルームを「メイクラブ・ルーム」と称してセックスをする部屋に指定し、セミナーの参加者にフリーセックスを奨励しているらしい。同ニュースサイトの他にも、ラエリアン・ムーブメントを「フリーセックスの団体」として週刊誌が報じたことも過去何度かあったが、いったいどうなのだろう。

少し不安な事前情報を持ちながら、二〇一三年夏、僕はボボジュラソ郊外にあるラエリアン・ムーブメントの合宿所「エロイカ」で開かれたセミナーに参加した。

初日。朝は瞑想から始まった。瞑想の際に一人のおばあさんから話しかけられた。

「あなたは日本人？　日本から直接来たの？」

――いや。ここにもともと住んでいるんですが、ラエリアンに興味があったので参加しています。

「あら、そうなの。日本のラエリアンが日本から直接ここまで来たのかと思ったわ」

――あなたはラエリアンですよね？

ラエリアン・ムーブメントの合宿場を示す看板

講堂内部。壇上にラエルの写真が飾られている

「ええ、私は一九八二年からラエリアンよ。一九八四年に最初のセミナーがブルキナファソで開かれたときはたったの六人だけだったの。それが翌年には一二人になって、翌々年には倍になって、それからずっと増えていく一方ね」

一九八二年からということは、まだブルキナファソが「オートヴォルタ」とフランス語で呼ばれていた時代だ。植民地時代の弊害から抜け出せない体制を倒すため、一年後にはトマ・サンカラとブレーズ・コンパオレが青年将校団を率いてクーデタを起こし、トマ・サンカラが弱冠三三歳で大統領に就任、キューバを模して急速な社会主義化を推し進めた。そんな時代から「宇宙人が人類を作った」と信じているおばあさんがいる。暢気《のんき》なアフリカの社会主義だ、革命の最中もきっと信仰の自由は確保されていたんだろう。

隣国のマリを荒らしているアルカイーダ・マグレブがブルキナファソにもやってきたら、ラエリアンなんて絶対迫害されてしまう。

九時。ホールにみんなが集まって講義が始まった。初参加者は舞台際の前列に座らされる。会場が満杯だ。恐らく三〇〇人はいるだろう。そのうち初参加者は約七〇人だそうだ。

「初参加の人には舞台に出てあいさつをしてもらいましょう」

司会がそうアナウンスして、前列に座っていた初参加者が登壇し、簡単な自己紹介をすることになった。自己紹介を聞くと、参加者の国籍はブルキナファソの他にコートジボワール、ガボン、リベリア、ナイジェリア、ガーナ、フランス、アメリカなどたくさんだがアジア人は僕しかいない。ボボジュラソはコートジボワール国境の目と鼻の先なので、コートジボワール出身者が格段に多い。ブルキナファソ人と同数かそれ以上いる。初参加者の中にはおそらく一五歳くらいだろう、まだ声変わりをしていない男の子まで自己紹介をしていた。

自己紹介と簡単な注意事項があり、セミナーのプログラムを説明して午前の部は終了した。注意事項は主に「セミナー中の写真撮影禁止、ドラッグ・飲酒・喫煙・カフェイン飲料厳禁、セクハラ・一八歳未満への性交渉禁止」だった。

午後は一五時から講義が始まる。講師が純白の民族衣装を着たドレッドヘアのコートジボワール人に交替し、どこかのNGOが作成したらしきエイズ予防のためのコンドーム推奨CMが流される。そして事前情報に聞いた「フリーセックス」のプレゼンが始まった。

「いいですか。セックスは人間の五感の全てを一〇〇%覚醒します。魂の覚醒は瞑想で、身体の覚醒はセックスをすることによってもたらされます」

ラエリアンではセックスは「官能瞑想」と言う。講師はこうも続ける。

「セックス。それは最も美しい愛の形です。セックスは素晴らしい。でも、忘れてはいけないのが一つあります。それがなんだかわかりますね？」

「(観客席から大声で)コンドーム！」

「そうです！　コンドームです！　安心してセックスをするためにはコンドームを付けなくてはなりません。いまセミナー事務局では一五〇個のコンドームを保管していますし、これからさらに四〇〇個追加で来る予定ですから、どうぞご安心ください」

「コンドームに賛成ですか？」

「(観客席から大声で)イエス！」

「さて、愛のカタチには様々あります。なにも男と女だけのものではありません。男と男、女と女の愛のカタチも存在します。これからは各々が各々のセクシュアリティを主張していかなければいけません」

そして、パワーポイントで作成された次の説明がスクリーンに映し出される。

白　性的関係を望まない
黒　未成年、性的関係は厳禁

ピンク　同性愛
紫　バイセクシュアル
赤　複数のパートナー可
緑　一人のパートナー限定

「後ほどこれらの色のリボンを配布します。色を選んで身に付けてください。何色のリボンを巻くのかは自由です。赤のリボンを巻いたっていいでしょう。昼に誰かとセックスをし、夜にまた別の人とセックスをするというのも可能ですからね。皆、あなたが何であるのかをあなた自身が知るのです！　ただし、ルールは守らなければいけません。嫌がる人にセックスを強要すること、未成年者とセックスをすること。これは何になりますか？」

「（観客席から大声で）レイプー！」

「そうです。レイプです。ラエリアンはレイプを絶対に許しません」

「セックスは身体を覚醒させる」、「セックスは官能瞑想」、「両者の同意さえあれば乱交も可」、「クリトリス再生専門の医療機関『快楽病院』の設立」云々。思想団体がセミナーで話す内容にしては性的にリベラルすぎるので、興味本位の週刊誌報道としては「フリーセックス」に注目が行ってしまうラエリアン・ムーブメントだが、参加者が付けたリボンの色は意外と緑や白が多く、中にはリボンを付けない人もいて、堂々と赤を付ける人は少数派だった。

紫と赤の組み合わせ、つまり「バイセクシュアルで乱交可」のリボンを付けている人がいる。ラエリアン・ムーブメントのコンゴ共和国支部長だ。見た目は四〇代半ば。彼は工学博士で首都ブラザビルの大学で教授をしている。ちなみにコンゴ共和国でもラエリアン・ムーブメントは盛んで、ブルキナファソのように合宿場も存在する。またラエリアン・ムーブメントの公式サイトによると、二〇〇一年にはンゲソ大統領がラエルを公式にコンゴへ招待したこともあったそうだ。

「やあ、ジャポネ。日本から直接来たのかい?」

――いや、元々ここに住んでるんです。

「ところで知ってるかい?　一二月にオキナワでラエリアン四〇周年のイベントがあるんだ。それに参加するために日本に行くやつがいっぱいいるよ。オキナワは行ったことあるかい?　ネットで沖縄を少し調べてみたんだけど、歴史が豊富だ。カラテの発祥地らしいな。カラテってことは、だから、つまりショーグンだな、ショーグンだろ？」

――いや、沖縄と将軍は関係ないですよ……

「ところで、実はな、俺はバイなんだ。セミナーの始まる前から君のことを見ていたよ。どうだい？　君はゲイか？」

――いや、僕はバイでもゲイでもないので。残念ですが……

「なんで『残念』なんだ？　世の中にはイエスかノーしかないんだ。そうだろう。ラエリアンの考え方は『ノーを恐れない』ということでもあるんだ。イエスかノーの二つしかないのに片方だけを喜んで片方だけを悲しむのはナンセンスだよ」

「他者を愛する前に自分自身を愛さなければいけない」

二日目。午前中の講義では六芒星と卍を組み合わせたラエリアンのシンボルマークの説明映像を見せられた。海辺で寝そべる男性を上から捉えた写真から始まり、衛星写真のように引きでズームアウトして地球や銀河、宇宙の画像になり、今度は逆に寝そべる男性の細胞や原子、素粒子の画像までずっとズームインされていく、つまり「極大の宇宙があれば極小の宇宙がある」ことを説明する映像だった。手塚治虫の「火の鳥」にこんな描写があったような気がする。結局、「六芒星に卍」のマークは

岩壁に建てられたキリストの磔刑像

「上のものは下のものと同様であり、全てのものは循環する」ことを意味しているらしい。

昼休みになって外の空気に触れようと合宿場を抜け出した。

崖の上にはなぜか巨大なキリストの磔刑像《たっけいぞう》が立っている。ゴルゴダの丘を模して建てられたのか、建設理由は分からないが、キリスト像そのものよりも、こんなへんぴなところにキリストの像を建てようとした人間の行為に魅力を感じる。

丘の頂上の台地を下り、携帯電話の電波の入る丘に出た。ここではカマボコ兵舎型の合宿場が建設中だ。電気と水道が取り付けられ、じきにこちらもセミナーに使われるのだろう。誰かの悪戯《いたずら》か、建物脇の木には六芒星と卍のマークが彫り込んである。作業員がたむろして談笑中だ。セミナーでは厳禁のタバコを吸っているのでラエリアンではなさそうだ。普通の人の声を聞きたくて、話しかけてみた。

——お疲れ様です。工事はもうほとんど完成ですか?

「一〇日でできるよ。あそこに電球もついてる」

——これは何の施設になるか知っていますか?

「知ってるよ。そこで合宿をしている連中のだろう。地球外生命体が人間を作ったって言ってるんだろう。ま、人それぞれ信じるものはあるからな。あいつらは地球外生命体が地球を見つけて人間を作ったって言っているが、じゃあ、地球は誰が作ったんだ? その地球外生命体を作ったのは誰なんだ? そんな話にもなってくる。初めから神様が全部作ったって言った方がマトモだろう」

するとそれを聞いた同僚が笑いながら切り返した。

「あいつら（ラエリアン）に『地球外生命体を作ったのは誰だ?』と聞いたら、『じゃあ神を作ったのは誰だ?』みたいなことを言われるさ」

——あなたはイスラム教徒ですか?

「ああ、そうだよ。あいつらにセミナーに出ないかとか誘われた。誰でも参加できるからどうぞってな。でも、興味もないし、いずれにせよ作業が終わらないから参加しないさ」

ラエリアンの考えでは「人類を創造した地球外生命体」を作ったのは、また別の地球外生命体らしく、そして、その別の地球外生命体を作ったのもまた更に別の地球外生命体だそうだ。彼らは輪廻転生《りんねてんせい》になぞらえこれを「永遠の生命のサイクル」と呼んでいる。

講義会場へ早めに戻ると、壁に午前まではなかったパネルがたくさん貼ってある。パネルには「we are one／私たちは一つ」や「pensée, parôle, action ／思い、言葉、行動」と、標語が英・仏語に加えて日本語で書いてある。「エロヒムへのテレパシー交信の仕方」というパネルには「エロヒム、あなたを信じます」という類の「祈りの言葉」のようなものがフランス語で書かれ、パネル端には何故かカタカナと漢字で「エロヒム／弥勒菩薩」と書いてある。聞くところによるとこれらは日本から直接送付されたパネルらしい。

午後の講義はグループ討論だった。一〇人ほどのグループに分けられ、一、二人のガイドが討論を率いる。「他者を愛する前に自分自身を愛さなければいけない」というレクチャーが始まったが、このレクチャーが少々消化不良気味になった。なぜならば「渇きで死にそうな一行の前にコップ一杯の水がある。全員で分けて飲んだら全員死ぬ。一人で飲んだら一人だけ助かる。分けて飲むべきか自分が飲むべきか」というどうにも答えられないテーマが出されたからだ。ガイドはラエリアンの考えとして「自分が助かるために自分が全部飲むべきだ」とレクチャーするが、これに対して非（未？）ラエリアンの女性がかみついた。

「それはエゴイズムよ。みんなで協力しなければいけないわ！」

「でも、みんなで飲んだら死んでしまうんだよ」

「それでも他者のために自己犠牲をする心は大切じゃない？　私たちは皆、調和しながら生きてるのよ。私は例えば自分の子供がそこにいたら子供を生かすわ」

「いや、自分をまず愛さなければ人のことを愛することもできないんだよ」

「そんなことないわ。それはエゴイズムじゃないかもしれないけれ

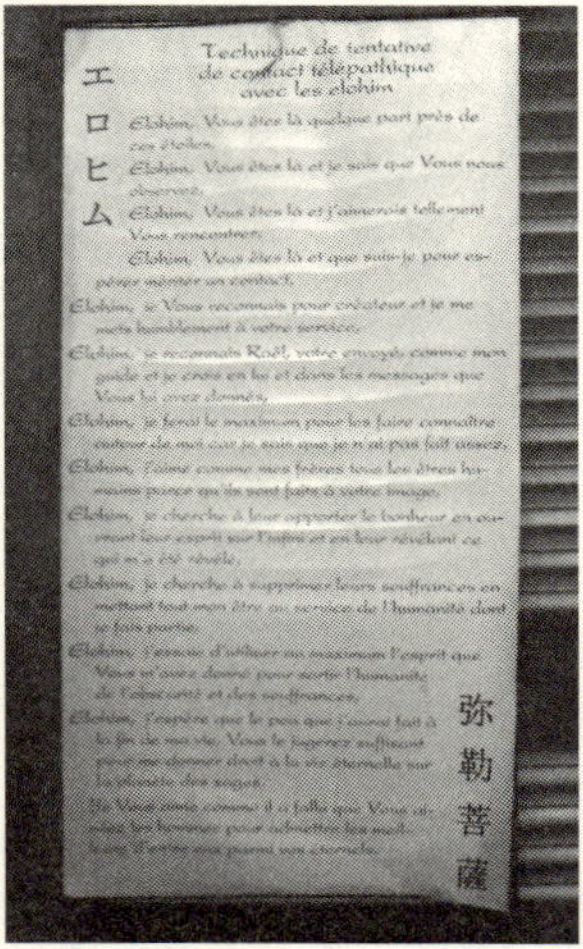

セミナー会場に掲げられたテレパシーの文言

ど、個人主義よ」

「いいかい。コップの水を自分が飲んだら、その力で他の人のために水を探しに行けるだろう？」

「でも、じゃあ、キリストはどうなるの？　キリストは私たち人間の罪を背負って磔《はりつけ》になった。自分を犠牲にして死んだでしょう？　あの行為はどうなるのよ？」

ムキになる女性にガイドは笑ってラエリアンらしい一言を言った。

「ははは、まあ、それは二千年前の預言者の言うことだからねぇ……」

ラエルのアフリカ賛美

三日目。午後の講義は「瞑想の効用」の説明だ。スクリーンに流されたのは日本でのセミナー映像だ。英語で喋《しゃべ》るラエルに日本語の逐次《ちくじ》通訳が入る。ラエリアン・ムーブメントのセミナーや勉強会で使用される映像資料には日本で収録されたものがたくさんあるらしく、「日本から来たＤＶＤがたくさんあるし、セミナーや勉強会ではそれを使っている」とのこと。

講義が終わった。ホール内にはエロヒムへのテレパシー交信のセリフが書かれたパネルの前に五歳くらいの子供が残っている。パネルに正対して椅子に座り、時折目をつむりながら「エロヒム／弥勒菩薩」と両端に書かれたパネルのテレパシー交信のセリフをブツブツそのまま読んでいる。例えば教会で十字架を目の前に指を組み、目をつむってキリストに祈る「お祈り」。そんな感じだ。

「お祈り（テレパシー）は終わった？　じゃあ、行くわよ」

テレパシーが終わり、母親の元へ子供が駆け寄って行った。地球外生命体へテレパシーを送った直後の我が子と手を繋いで、首に六芒星と卍のペンダントを付けた母親が僕の前を通り過ぎる。ほほえましい親子の光景だ。

教会で十字を切って賛美歌を歌う子供、七五三で神社に行きお祓《はら》いを受け柏手《かしわで》を打つ子供、お寺で仏像を前に合掌《がっしょう》する子供、メッカに向かって遥拝《ようはい》する子供、そして、地球外生命体に向けてテレパシーをする子供。一体なにが違うというのだろうか？「宇宙人を信じるという教義がなんかヘン」という理由だけで、果たして「カルト宗教」になるのだろうか？

ラエリアン・ムーブメントのホームページの質問コーナーには「ラエリアンはカルトですか？」という問いがあり、答えには「カルトを定義することはできません。例えばキリスト教は成功したカルトです」と書かれている。

外へ出て赤リボン（乱交可）を付けた小学校の教師と話をする。いきなりこんなことを言われる。

「やあ、ムシュー、気に入った女の子は見つけたかい？」

――いや、まだです。

「紹介してあげようか？　君のことを気になっているけど、君のことを怖いんじゃないかと思って話しかけるのをためらってるらしいんだ」

――ああそうですか。別にためらわずに話しかけてもいいですよ。ところであなたは誰か気に入った女性は見つけたんですか？　赤のリボンですよね？

「ああ、見つけたよ。気が合ってセックスをしようということになったんだけど、ただ、今日は断食中（ラエリアンは断食には浄化作用があり健康に良いと教える）だから、今日はやめておいた。途中で失敗したらいやだろう？」

フリーセックス公認のセミナー合宿だが、男女を問わず僕自身が性的に誘われたことはあったけれど、セックスをしているところを実際に目撃したことはなかった。

四日目は体調を崩してほぼ一日中、小屋で寝ていた。

五日目。この日の講義は「黒人であることに肯定的な価値を付与する」という内容で、映像やパワーポイントが多用されて分かりやすく、退屈しなかった。

まず、西アフリカでは非常に有名なセネガル人歴史学者・思想家のシェク・アンタ・ジョップが提唱した「古代エジプト文明を創造した古代エジプト人はナイル川上流からやって来た黒人である」という理論を紹介する映像が流された。この理論は真偽のほどは別にして、「ヨーロッパにギリシャ・ローマ文明があるならアフリカには古代エジプト文明がある」ということで、アフリカ人に自信を持たせるために提唱された思想であり、これ自体はアフリカではメジャーな思想なのだが、それがラエリアンの理屈にどう入り込んでくるのかが興味深かった。

講義の最中に「なぜエロヒムは白人であるラエルを預言者に選んだのか？」ということが話題になり、講師はコンゴ共和国のテレビ番組に出演したラエルのインタビュー映像を見せた。インタビューでラエルはこう語った。

「確かにエロヒムはコンゴのシモン・キンバング（植民地時代のコンゴでキリスト教とコンゴの土着信仰を融合させた教義を説いたコンゴ人の宗教指導者。この宗教運動は「キンバンギズム教会」として現在もコンゴで盛ん）のようなアフリカ人を預言者として指定したことがありました。しかし、残念ながら世界にはいまだに黒人に対する差別や偏見、蔑視《べっし》が多いのも事実です。アメリカで、ヨーロッパで、効果的にメッセージを伝えていくためには私が預言者として白人である必要があったのでしょう。私は、私の肌の色やセクシュアリティを選べるならば、アフリカ人で、女性で、同性愛者になりたかった」

映像を見せた後、講師はこう付け加えた。

「ひとつ付け足します。ラエルは預言者である自分が白人であることをこういうふうにも言っています。『私が白人であることこそが人類の罪滅ぼしなのです』と。白人は人類史において様々な罪を重ねてきました。アフリカ人への奴隷貿易、植民地支配、そしてヒロシマやナガサキに原子爆弾を落としたのも白人でした。そうした人類史の非道な罪を一手に背負った白人が預言者としてエロヒムからのメッセージを伝えることこそが人類の罪滅ぼしになるのです。ラエルは罪深い白人としてその役目を果たさなければいけないのです」

最終日。ずいぶんとアフリカや黒人を持ち上げるラエルだが、そんなラエリアンには「バック・トゥ・アフリカ」という思想がある。その名の通りアフリカへの移民を奨励する思想だ。最終日になってこの「バック・トゥ・アフリカ」が紹介された。シカゴからわざわざここまでセミナーに参加しにやってきたラリーというアメリカ人が舞台上に招かれた。今回彼は「バック・トゥ・アフリカ」のためにブルキナファソにやって来たらしく、明日コートジボワールのある部族の儀式に参加するという。

最終日の夜は後夜祭のようなイベントが予定されている。ホールでは寸劇とアフリカンダンスをやっていた。アフリカンダンスをする女性は胸をはだけながら踊っている。けれども髪の毛が長いので全体は見えない。

　最後に舞台上に二組の男女が登場した。なにやらのっけからなまめかしい。すると男女が抱き合って半裸になり愛撫が始まった。下は脱がないと思いきやちゃんと脱ぐ、ただ、全裸ではなくはだけた感じだ。二組の男女は舞台上に寝そべって、なんと疑似セックスをし始めた。演技して喘いでいるだけだが、この「まな板ショー」にはやはり会場も大盛り上がりだ。拍手と歓声の中で、もつれあう二人のアフリカ人にスポットライトが照らされる。まるで現代アートのようだ。僕は「まな板ショー」を人生で初めて見たが、スポットライトを当てられた舞台上で大勢の観客を前に行われるセックスは芸術的で、いやらしさが全く感じられなかった。それは僕がラエリアンの雰囲気に染まったからなのか、単に見慣れない黒人の裸にエロスよりも芸術性を感じたからなのか、よくわからない。

　ショーが終わると、全員で手をつなぎ「エーローヒム」と大合唱を始めた。三〇〇人規模での合唱は迫力がある。

「地上にいるエロヒムの代理人、ラエル。私たちは、ラエル、あなたを信じています。エロヒムがあなたに授けたメッセージを信じています。ラエル、私たちはあなたを愛しています。ありがとう。ありがとう。ありがとう」

エロヒムへの祈り。コートジボワールのガイドが舞台上でラエルの写真に正対し、跪《ひざまず》いて、マイクでエロヒムへの祈りを唱えた。「地上における○○の代理人」。まるでローマ法王のようだ。

どうしてラエリアンになったのか

セミナーが終わった後、なぜ「人類は宇宙人が実験室で作った」と真剣に言っているラエリアン・ムーブメントにあんなに魅かれる人がいるのか考察をしてみた。まず、合宿場で同部屋になったコートジボワール人のドゥーユーさんの話。彼はラエルが「エロヒムに出会った」という一九七三年生まれ。自分の生年を「俺はメッセージと同い年」と言う。コートジボワール人の電気技術者で今回のセミナーでも合宿場の配電や音響・照明のメンテナンスをやっている。ラエリアン・ムーブメントに入ったいきさつを聞いてみた。

――いつからラエリアンに入っているの?

「二〇〇八年からだからもう五年かな」

――ラエリアンになる前の宗教は何だったの?

「知ってるだろ？　アフリカでは子供の宗教は親の宗教と同じになる。俺の親はカトリックだったから俺もカトリックだったよ。なんで入ったかっていうと、やっぱりスピリチュアリティは大切だろ？　ラエリアンはスピリチュアルな問題意識を解決してくれるからだよ。うちはカトリックだから小さいころから普通に教会に行くだろ。すると教会では『神様が人間を作った』って言うんだ。でも、今度は学校に行くと、学校では進化論を習うんだ。俺の母親は無学だったから、俺には絶対に学校へ行けって言って俺を学校に行かせてくれた。その学校では進化論を教わる。『バクテリアが魚になって、サルになって、人間になった』とね。それを教会に行って『神様の教えと違うじゃないか』と神父さんに聞いてみたら、『神様の科学と人間の科学があるんだ』って言うんだよ。そんなの納得できるか？　それを母親に言ったら、『お父さんとお母さんが一緒になってアンタが生まれた』って言ったんだ。わかるか？　教会の神父さんは男女の交わりすら説明しなかったんだ。けれど、その進化論だってまだ分かっていないところが多い。サルが人になったって言うけど、いつ、どのタイミングでサルが人になったのかを説明していないじゃないか」

　進化論と創造論の矛盾に思い悩む人を僕は初めて見た。

「人間は未だ人間を作り出すまではいっていないけど、バクテリアとか単純な細胞の生物なら作り出せているじゃないか？　だから、もっと科学が進んだなら、人間だって作り出せるはずだろ？　俺はそう信じてる」

——もし、君はラエリアンに入っていなかったらどうなってたと思う？

「きっと社会でのけ者にされてただろうね。世の中は社会の規則、つまり、朝起きて仕事に出て、昼は何をして……とか決められたものに従わなければならないだろう。ラエリアンは『自分自身のありのままを受け入れよう』という考えだから。自分自身を受け入れて、深めていく。そういう考えだからさ」

——ラエリアンがありのままの君を受け入れてくれたってこと？

「そうだね。ラエリアンは自分が自分であることを受け入れてくれるから」

「ありのままを受け入れてくれるから」。そんな言葉でラエリアン・ムーブメントに入った理由を説明するのだが、彼は社会の規則に従いたくないだけの人物ではない。セミナーの間中、朝は僕がまだ眠っている間に外へ出て、夜は僕が眠った後に小屋に帰ってくる。そんな多忙な人だった。「毎日忙しそうにしてるけど、このセミナーで働いた給料はラエリアンの事務局からもらってるの？」と聞いたら、「給料？　そんなのないよ。これが俺のセミナーへの貢献だよ」と答えた。

ラエリアンに魅せられるアフリカ的な理由

さて、なぜこんなにラエリアン・ムーブメントに魅せられる人がいるのだろう。「愛」とか「平和」とか「自由」といった言葉、それに「同性愛者も性的に解放される権利がある」というのは、とりたてて問題視されるものとは思わない。でも、そうした思考の源がなぜ「地球外生命体エロヒム」になるのか。僕なりのアフリカ的な理由を考えてみた。

第一の理由、黒人性。

日本のラエリアンのサイトや動画などからでは見えづらいかもしれないが、アフリカのラエリアン・ムーブメントには頻繁に「バック・トゥ・アフリカ（アフリカへ帰れ）」や「全人種の中で黒人が一番身体的に優れている」、「黒い肌が最も健康的」など黒人性を持ち上げる考えが見られる。「人類史の罪を負った白人が預言者としてメッセージを広めることこそ人類史への、そして白人によって植民地化されたアフリカへの贖罪」とは、なかなかうまく考えた理屈である。こうしたラエリアンの人種的価値観もアフリカ人がラエリアン・ムーブメントに魅せられる原因の一つに挙げられる。

第二の理由、ヒッピー的（ニューエイジ的）要素。

僕はラエリアン・ムーブメントのセミナーに初めて参加して、ドラッグは禁止だったもののなんとなくヒッピー的な雰囲気を感じた。山の中でキャンプして、ダンスミュージックをかけて踊ったり、フリーセックスをしたり、瞑想をしたり、「六〇年代のカリフォルニアあたりのヒッピーのイベントはこんな感じだったのかもしれない」と思った。セミナー中によく聞いた「フリーセックス」とか「愛」とか「平和」とか「同性愛」とかのワードは、「エロヒム」や「地球外生命体」が後に続かなければ、ヒッピー文化を連想させる言葉でもある。リベラルな思想を持ったアフリカのそうしたいわゆる「ヒッピー的な人たち」が理論的あるいは倫理的に肯定されたいと思ってラエリアンに集うのかもしれない。

初日の朝に出会った白髪のおばあさんはピンク色のリボン（同性愛・レズビアン）をしていたが、彼女がラエリアンに入ったのは一九八二年だと言っていた。アメリカならまだしも、八〇年代初頭のアフリカで同性愛者はとうてい社会で受け入れられない存在だっただろう。もしかしたらラエリアンに出会う前の若いころの彼女には、彼女なりの悩みがあったのではないか。

第三の理由、敬虔《けいけん》な無神論者と「原理」と「摂理《せつり》」。

日本人に比べアフリカ人には敬虔で哲学的な思想を持ち、真理を追い求めている人が多い気がする。「神などいない。世界は神が作ったわけじゃない」と言ったら、本気で怒るアフリカ人に僕はたまに出会う。ドゥーユーさんのように宗教の教義と科学との狭間で思い悩むだなんて、中世さながらの悩みだが、彼は真剣である。

中世において宗教は世界の森羅万象《しんらばんしょう》が依拠する「原理」であったが、近代以降それは科学に取って代わられ、宗教は「原理」ではなく「摂理」として心の安らぎになった。しかし、宗教に取って代わった無機質な科学は、「原理」になりえたとしても「摂理」にはなりえず、「宗教は単なる心の安らぎ」では納得してくれない人たちがいる。神と科学を両立させられない人たち、それが僕の出会ったアフリカのラエリアンだ。

「七日間で地球を創造することは科学的に不可能。だからユダヤ教もキリスト教もイスラム教もみんなでたらめだ」

それが彼らラエリアンの言い分である。宗教的なもの（摂理）をどうにかして科学（原理）で埋め合わせをしなければ気が済まない。なんといってもラエリアン・ムーブメントは「ノアの方舟は宇宙ロケットだ」と旧約聖書に書かれている内容に「科学的」な説明をしてくれる。

ラエリアンの集会では、「宇宙にいる地球外生命体エロヒムの操作するコンピュータに自分のＤＮＡ配列を伝えるテレパシー交信」を行う。それを一笑に付すのは簡単だが、それでもやはり「科学的かどうか」を問うた場合、「祈りが神様に届く」よりも「脳波が地球外生命体の操作しているコンピュータに届く」のほうが、確かに「科学的」な説明にはなっている。

科学に絶対的な価値観を持ちつつ超常的な思想を欲する彼らは、日本人のように「不思議なんだね」と言うだけでは納得しない。「神様なんていない」のならば「そこに何か別の摂理があるはずだ」と考えなければ気が済まないのである。そのうえまったくの唯物論者・物質主義者でもいられない。摂理を明らかにする「何か」がなければ気が済まない。そしてその「何か」が彼らにとっては「科学」だったのだ。

文庫版追記

この取材当時、アルカイーダ・マグレブはブルキナファソまで勢力を拡大しておらず治安は非常に安定していたが、二〇一四年以降、政情不安とともに、北部からイスラム系の武装組織が侵入し、テロや襲撃事件が多数発生するようになった。取材当時に懸念したラエリアンへの個別的な迫害はないようで、治安は悪化しつつもほどほどに活動はできているようである。なお、ラエルは二〇二三年九月、ブルキナファソ、マリ、ニジェールのサヘル三か国による反フランス的な防衛協定を支持する声明を発した。フランス人であるラエルが反フランス的な防衛協定を支持するのはおかしい気もするが、これはラエルの白人性・欧米へのアンチテーゼの一つの発露と言える。

第2章　幸福の科学

東大卒、元商社マンの教祖

幸福の科学は本書で扱う新宗教の中では最も新しい。立宗《りっしゅう》一九八六年だから創設されてから三〇年（単行本刊行時）しか経っていない。

開祖は一九五六年生まれ、徳島県出身、東大卒で元商社マンの大川隆法《おおかわりゅうほう》で、教団では「総裁」（信者は敬意をこめて「総裁先生」と呼ぶ）と称されている。総裁の大川隆法は「エル・カンターレ」という、「地球の光」という意味の造物主の本体意識であって、エル・カンターレはキリストが「わが父」と呼んだものやムハンマドが「アッラー」と呼んだものと同一であり、過去、ギリシャ神話のヘルメスやムー大陸のラ・ムー、古代インドの釈迦《しゃか》などとして地上に現れ、現代は大川隆法として地上に現れているという教えである。

教団の基本教義は「正しき心の探究」と「四正道《よんしょうどう》（愛、知、反省、発展）」で、最も大事な経文は大川隆法が釈迦の言葉を直接つづった「正心法語《しょうしんほうご》」だ。他にも一九八七年の『太陽の法』、『永遠の法』、『黄金の法』の三部作から途切れず発刊される法シリーズがあり、これは単なる「書籍」ではなく、「経典」として扱われている。

教団の活動で近年特に目を引くのが幸福実現党の政治活動と「霊言」の出版であろ

う。路上を歩けば幸福実現党のポスターをよく見かけるし、書店に行けば一つの棚が丸ごと幸福の科学の霊言本だったりもする。

大川隆法は様々な霊を降霊でき、教団では数々の有名人の霊魂や守護霊を呼び出し、大川隆法が審神者として語る降霊を行っている。元々は霊言を自動書記し、書籍にして発表するだけだったが、二〇〇九年からは公開霊言として信者の前で霊を呼び出し、語りかける行事が行われており、信者でなくとも教団施設に行って拝聴料を納めれば、誰でも見ることができるし、無料の動画サイト上にも多くの公開霊言動画がアップされている。

大川隆法は死者の霊魂だけではなく存命人物の守護霊も呼べるらしく、本人の承諾なく守護霊の霊言を出版された著名人は、安倍晋三、北野武、習近平、宮崎駿、菅直人、金正恩など数知れない。「霊言」では基本的に大川隆法に降霊した霊が大川隆法の口を借りて喋るだけだが、第三者に憑依した霊に大川隆法がインタビューするという形で行われることもある。

ウガンダと幸福の科学

さて、そんな幸福の科学が、東アフリカの小国ウガンダで大流行していると聞いた。

二〇〇八年にはアフリカ大陸初の支部が作られ、二〇一〇年にはウガンダ国営テレビが大川隆法の英語講演と映画「仏陀再誕」を放送。二〇一一年にはアフリカ大陸唯一の精舎《しょうじゃ》が建設され、翌二〇一二年にはなんと大川隆法総裁が来訪し、国立スタジアムを貸し切って一万人規模の講演会が催された。

講演会は「The Light of New Hope／新しき希望の光」と題され、ウガンダ中から約一万人の観衆が集まり、ウガンダ国営放送を含むテレビ局三局で同時中継されたほか、ウガンダの各ラジオ・新聞でも報道された。

幸福の科学のサイトには講演会の写真や報道された新聞各紙の紙面が載せられ、ずいぶん盛況な雰囲気で紹介されているが、講演会を特集した教団作成のDVDを買って見てみたら、「一万人の観衆」といっても実際はほぼアリーナ席にしか観客がおらず、スタジアムの観客席はまばらだったので、実は報道ほどは盛り上がっていなかったのかもしれない。

ウガンダで幸福の科学が大流行しているということは、国際情報誌『SAPIO』の二〇一一年三月九日号に少しだけ触れられており、流行した原因は「仕事で現地に赴任した日本人の方が、幸福の科学の熱心な会員で、現地で書籍などを配ったり、慈善事業を展開するうちに、自然と広まったようです」と書かれている。これはブルキナファソでの真如苑《しんによえん》の広がり方と同じである（第3章参照）。

宗教が大好きな国、ウガンダ

さて、こうした「ウガンダで大流行する幸福の科学」という話を耳にした僕は、二〇一四年二月、早速ウガンダまでの往復航空券を購入した。ブルキナファソからウガンダまではガーナとルワンダを経由して片道一三時間、一五〇〇ユーロ。ほぼアフリカ大陸を横断する形になる。

ウガンダにはアフリカ唯一のバハイ教の礼拝堂がある。バハイ教とは一九世紀半ばのイランで始まった宗教で、教義は累進的啓示《るいしんてきけいじ》といい、「すべての宗教は同じ神から発せられたもので、開祖のバハオラは釈迦やキリストなどの過去の聖人や預言者に連なる現代の預言者である」というものなので、その点では幸福の科学とバハイ教の教義はやや似ていると言える。

しかし、幸福の科学の教えの中にはモーゼ、釈迦、キリスト、ムハンマドなど、世界の名だたる聖人が「エル・カンターレが地上に送った存在」として登場するが、バハイ教のバハオラはなぜか全く出てこない。バハイ教を扱った入門解説書が日本で初めて出版されたのが二〇〇三年だから、一九八六年に立宗された幸福の科学に挙げられていなくても不思議ではない。

さて、第5章に登場するのだが、統一教会のブルキナファソ支部の副会長に合同結婚式で嫁いできた女性がウガンダ人なので、出発前にいろいろウガンダについて話を聞いてみた。

ちなみに、ウガンダの元大統領ゴッドフリー・ビナイサ（故人）は、二〇〇四年に統一教会の合同結婚式でヤマモト・トモコという当時五八歳の日本人女性と結婚した

結婚相手の写真を見せるビナイサ元大統領：BBC ホームページより

（すぐに離婚）。これは国家元首が統一教会に入信したおそらく唯一の例だろう。

——最近、ウガンダでハッピーサイエンス（幸福の科学の英語名）という日本の宗教が流行っていると聞いたのですが、知っていますか？

「うん。そうみたいね。私は二〇一〇年に一度ウガンダに帰った時に初めて知った。インターネットですごいニュースになってたわ。私がブルキナファソに来たのは一〇年前だけど、ハッピーサイエンスは私がウガンダにいたころは多分なかったの」

──やっぱり有名なんですね。ウガンダはいろんな宗教がありますね。

「ええ、そうよ。だってウガンダ人は宗教が大好きなんだから」

「ウガンダ人は宗教が大好き」。そうはっきり言えるところが日本人とはまったく違う。

ところで、ウガンダと聞いて僕がまっさきに思いつくのは、クーデタで政権を取った後、一九七一年から七九年まで大統領を務めた独裁者、イディ・アミン大統領だ。身長一九三センチの巨漢で元ボクシングヘビー級のウガンダチャンピオン。アントニオ猪木《いのき》と異種格闘技戦をするという計画まであり、他にもウソかホントか、「勇敢な神風特攻隊をウガンダに招待したい」という親書を昭和天皇に送ったり、エリザベス女王に「ホンモノの男が見たければ俺の国に来い」と言ったりしたという逸話がある。二〇〇六年には「ラストキング・オブ・スコットランド」という映画になった。

そのアミン大統領も、元々はキリスト教徒だったのにリビアのカダフィ大佐の経済支援が欲しいがためだけにイスラム教に改宗したという。一国の国家元首が金欲しさに宗教を変えるくらいなのだから、ウガンダ人は宗教に寛容な国民性なのだろう。

もう一つウガンダで思い浮かべるのは、数年前に世界を騒がせたＬＲＡ（神の抵抗軍）というキリスト教過激派反政府武装勢力だ。「アフリカ」で「過激派」「原理主義」「武装勢力」というとイスラム教を思い浮かべてしまうが、これはキリスト教である。指導者はジョゼフ・コニーという男で、彼は自らを神の代弁者、霊媒《れいばい》と称し、十戒《じゅっかい》とアチョリ人（ウガンダ北部の民族）の伝統に基づく「神聖国家」の建設を掲げている。最近はウガンダ、コンゴ、南スーダン各国治安部隊の連携軍事掃討作戦により勢力を大幅に減じたが、一九八六年から今までで合計二〇〇万人の国内避難民がLRAの活動により発生したと言われた。

二〇〇五年、国際刑事裁判所は、ジョゼフ・コニーを含む五人のLRA幹部の国際逮捕状を発行した。罪状は民間人虐殺・拉致・性的搾取などの人道に対する罪。国際刑事裁判所によると、LRAによって拉致されて少年兵や性奴隷に仕立て上げられた少年・少女は累計二万人にのぼるという。少年兵は襲撃した村の住民の手足や唇、耳、鼻を切り落としたり、棍棒で頭を叩き殺したりする役を強制されていた。

自身を神の代理人や霊媒と称して、子供を誘拐し、少年兵に仕立て上げ、民間人虐殺を命じる神の抵抗軍……こうなると本物の過激派カルト宗教である。

キリスト教系のLRA以外にも、ウガンダでは、ウガンダ軍がソマリアに平和維持部隊として派遣されていることを不服とするソマリアのイスラム系武装勢力「アル・シャバーブ」がテロ攻撃の声明を出しており、二〇一〇年七月には、首都カンパラ市内で七四人が死亡、八四人が負傷する爆弾テロ事件が起こった。

反政府ゲリラから爆弾テロまで、宗教を起源とする様々な災禍《さいか》に遭っているウガンダ人だが、なぜか日本のように「だから宗教（自体）は危ないんだ」とはならない。どうしてだろう。やはり「ウガンダ人は宗教が大好き」だからだろうか。

幸福を求めてウガンダへ

今回、ウガンダ渡航前に幸福の科学ウガンダ支部精舎にメールで取材依頼を出していたが、「個別の取材に対応していないので、取材目的の訪問はご遠慮ください」と丁重に断られたため、正攻法の精舎取材はあきらめ、ウガンダ人の幸福の科学信者をなんとか見つけ出して友達になり、「友達に誘われて精舎を見学しに行く」ことを目指すことにした。

以前、東京・品川にある幸福の科学の東京正心館《しょうしんかん》が大悟祭（大川隆法が悟りを開いた日を記念する行事）を開催する際、「信者ではないのですが、幸福の科学に興味があるので行っても大丈夫ですか?」と電話したら「もちろん、どなたでもご参加できますよ」と言われたし、一応宗教施設なのだから、公的な取材は断られたとしても参拝目的の訪問なら問題ないはずだ。

アフリカで幸福の科学の支部があるのはウガンダ以外にガーナ、ナイジェリア、ベナン、南アフリカである。ウガンダに行く前、ガーナで日蓮正宗《にちれんしょうしゅう》のお寺の取材（第6章参照）をした後、幸福の科学の支部にも寄ってみることにした。偶然だが、幸福の科学のガーナ支部はガーナのバハイ教センターから徒歩数分のところにある。

出迎えてくれたのはジャッキーさん（四九歳）という大柄の男性。ガーナの支部は毎週土曜日に集会をしているが、今日（日曜日）は特に活動はしていないそうだ。彼の英語の発音がところどころフランス語っぽかったので、「ガーナ人ですか？」と聞いたら、コンゴ人だと言う。

「幸福の科学の信者ですか？」と聞かれたが、「僕は信者じゃなくて幸福の科学に興味があるただの旅行者です」と言うと、冷蔵庫からジュースを出して僕に渡し、テレビを点けて二〇一三年のエル・カンターレ祭のDVD映像を流してくれた。

DVDを見ながら何気なく聞いた彼の生い立ちと宗教歴が興味深いので少し詳述する。

彼はコンゴでキンバンギズム教会の家に生まれ育ち、一〇代後半でイスラム教に改宗した。大人になって内戦中のアンゴラに電気技師として仕事をするため移住したが、アンゴラ北部で武装勢力につかまり、武装勢力の電気技師として数年間働いた。その

幸福の科学ガーナ支部

支部の内部。映像は2013年エル・カンターレ祭での大川隆法説法

間に武装勢力が資金源としている闇ダイヤモンドを何個か盗んだこともあり、コンゴに帰った後は売り払って大金を手にした。

その後、アンゴラのルアンダでダイヤモンドを扱う事業を始め、成功すると、ガーナ在住のマリ人実業家からダイヤモンドビジネスのノウハウを乞われて、一緒にダイヤモンド関係の貿易事業をアンゴラで始め、アンゴラの宝石をナミビア経由で世界各地に販売した。一九九八年、ガーナに落ち着いた後、事業で稼いだお金を持ってロンドンへ行って一旗あげようとしたが、カバンに入れておいた四〇〇〇ドルを「バスケットボールをしている間に」盗まれてしまい、無一文になった。

大金を盗まれて途方に暮れていると、知人が話しかけた。

「まあ、元気だせよ。これからはきっと良いことがあるさ。君に幸福になれる言葉を教えてあげよう」

「幸福になれる言葉? なんだって?」

「それはね、『南無妙法蓮華経《なむみようほうれんげきよう》』というんだ。これをただ唱えれば幸せになれるんだ」

そして、その知人に勧められるがままに日蓮正宗に入信した。日蓮正宗は熱心に信仰し、入信後、一二年間お寺に何度も通った。

しかし、ブランディという南アフリカに居を構えているガーナ人の知り合いが、二

○一○年に幸福の科学の南アフリカ支部長（日本人）を伴ってガーナに戻り、幸福の科学ガーナ支部立ち上げをした時、「仏教徒の知り合いがいる」とジャッキーさんを幸福の科学に誘い（ブランディ氏は当時、幸福の科学を仏教の一種だと思っていたらしい）、翌二○一一年、幸福の科学に入信・就職し、それ以来幸福の科学の「宣教師」として仕事をしている。

キリスト教系新宗教のキンバンギズム教会からイスラム教に改宗し、日蓮正宗の信者になったと思ったら、今度は幸福の科学に入信して宣教師をしている。しかもアンゴラで武装勢力に拉致された経験をバネにダイヤモンド（闇？）取引の事業もしていた。こんな経歴の人は世界にこの人しかいないのではないか。

――日蓮正宗の信徒だったのにどうして幸福の科学に入ろうと思ったのですか？

「釈迦は二○○○年以上前に亡くなったけれど、大川隆法総裁は今生きて活動している。だったら二○○○年前に死んだ釈迦が書いたものを読むよりも、その生けるブッダの声を聴いたほうが有意義じゃないか、そうだろ？　仏教は間接的で、幸福の科学は直接的なんだ。仏教は釈迦が書いたものを読むだけだが、幸福の科学は天上界のお釈迦様の声をそのまま大川総裁が伝えてくれる。ずっと明確だ」

確かにずっと明確だが、一二年間も日蓮正宗の信心を続けた人がそんなに簡単に

「仏陀再誕」を信じるものなのだろうか。

「それにお祈りの仕方もとても良い」

彼は『正心法語』（日英バイリンガル版）も見せてくれた。

「あ、これがブランディだよ。Ｐを持っているでしょう！ ＨＡＰＰＹのＰだ」

テレビ画面には世界各国からエル・カンターレ祭に参加するために来日した信者が映る。みな「ＨＡＰＰＹ ＳＣＩＥＮＣＥ」のアルファベットのボードを持ってステージに上がっている。聞くと、日本までの渡航費は教団が負担するらしい。

「これはお祭りだから幸福の科学が払ったんだけど、普通は自分で払わなくてはいけない。私も日本に行きたいから、お金がたまるようにエル・カンターレに祈っているよ」

しばし世間話をしていると、日本語を話すコンゴ人のインタビューがＤＶＤに現れた。

「ああ、この人、コンゴ人なんだよ。コンゴ人でハッピーサイエンスの信者だっていうからさ、今トーキョーの本部に言って、この人の連絡先を教えてもらっているところなんだ。いやあ、嬉しいな。ハッピーサイエンスに同じコンゴ人がいるなんて初めて知ったよ」

ウガンダ仏教センター

二月一一日、ガーナからナイジェリアとルワンダを経由してウガンダのエンテベ国際空港に到着。大量の水を湛えるビクトリア湖のおかげだろうか、飛行機の窓から見える景色は青々としていて、同じサブサハラとはいえ、西アフリカ内陸のニジェールやバマコ、ワガドゥグの赤茶けた大地とは全然違う。

ところで、ウガンダにウガンダ人が建設した仏教寺院があるということをどれだけの日本人が知っているだろう。実はエンテベ空港から三〇分ほど行ったビクトリア湖のほとりに、ウガンダ仏教センターという寺院がある。これはいかなる日本の仏教団体とも一切関係ない寺院である。ウガンダに到着した当日はビクトリア湖畔のホテルに泊まって翌日に寺の様子を見に行ってみた。

この寺はブッダラキタ氏というインドとアメリカで仏教を学んだウガンダ人が、二〇〇九年に建設したものだ。日本の大乗《だいじょう》仏教とは違う上座部《じょうざぶ》仏教の寺である。日本風に言うとブッダラキタ氏がこの寺の「住職」になるわけだが、彼は今スリランカで仏教関係の仕事をしているとのこと。タイやチベットの仏教関係者とつながりがあるそうで、寺の事務室にはタイに本部を置く世界仏教徒連盟の集合写真や、ブッダラキタ氏とダライ・ラマが一緒に映った写真が飾られていた。

今までアフリカ人の真如苑信者、日蓮正宗信徒、創価学会員を見てきたが、上座部仏教とは珍しい。けれどよくよく考えてみれば、仏教はインドから日本へ伝わるまで、現在のアフガニスタン、中央アジア、中国大陸、朝鮮半島という長い道のりを経てきたわけだから、インド洋を挟んでインドと直接に面している東アフリカにインドから直接仏教が伝わってもなんらおかしくはない。むしろアフリカのほうが距離的には日本よりもインドに近い。強い日差しの下、ビクトリア湖畔に熱帯植物が生い茂るウガンダの風景はなんとなくインドに似ている。

住職のブッダラキタさんはスリランカにいるので不在だったものの、寺院にいたスタッフの計らいによりカンパラで寺のディレクターと会うことができた。トム・カボッゴザさん。一九九五年から一九九七年まで名古屋で出稼ぎをしていたそうで日本語を少し話す。仏教徒になったのは二〇〇七年だそうで、その前はカトリックだったという。

彼は現在セレナ・ホテルというウガンダ随一の高級ホテルの一室で、「ブルーダイヤモンド」というダイヤモンドの中間取引をする会社で働いている。同社はダイヤモンドの他にコルタンや金も扱っており、アンゴラやコンゴ、ケニアに事業所を持って

ウガンダ仏教センター

センター内部とアフリカ人信者

いるらしい。

――日本の仏教界とは何か繋がりや交流はないんですか？

「あんまりないなあ。ゼン（禅宗）の僧侶とは世界仏教徒連盟で交流があるけれど、基本的にはないよ」

トムさんは創価学会も知らないとのこと。幸福の科学について聞いてみた。

――ハッピーサイエンスを知っていますか？

「ああ、知っているよ。詳しくは知らないが、日本の宗教だろう。確か去年マスター（総裁）が来て講演会をしたな。講演はテレビで放送していたが、ちゃんとは見なかったな。君はそのメンバーなのか？」

――いや、僕は違いますが、ウガンダで流行していると聞いて、どうなのかと確かめようと思ってるんです。ところで、ハッピーサイエンスでは「仏陀の再誕」という考えがあるのですが、仏教徒としてどう思いますか？

「うーん、ま、『仏陀の再誕』というのは、仏教の考えとは違うな」

バハイ教の礼拝堂

ウガンダ仏教センターを訪問した後、カンパラへ向かった。カンパラへは空港のあ

バハイ礼拝堂

るエンテベから車で約一時間かかる。首都へ向かう道は、雑誌の企画でウガンダを訪問し、中国のアフリカ進出を取材した幸福実現党の饗庭《あえば》直道《じきどう》氏に言わせれば「モンゴルに似ている」という道だが、僕としては「やや坂が多い普通のアフリカの道」という印象だ。余談だがエンテベからカンパラへ向かう道中でエホバの証人の王国会館を二つ、サイババ（初代）のヒンズー寺院を一つ見かけた。

　タクシーの運転手と宗教談義をしているうちにカンパラに到着。せっかくカンパラに来たので幸福の科学は後の楽しみに取っておき、まずはバハイ教の礼拝堂に行ってみた。

丘の多いカンパラは「七つの丘の街」と呼ばれるが、バハイの礼拝堂はキカヤという丘の上にある。礼拝堂はキリスト教ともイスラム教とも言い難い宗教的にニュートラルな形をしているように見える。

バハイ教の礼拝堂を出た後、外にいた二人に話しかけてみる。

――ハロー、お二人はウガンダ人ですか?

「いや、コンゴ人だよ」

バハイ教にはボランティア制度があるらしく、コンゴからウガンダへ来て、ボランティアとして礼拝堂で働いているらしい。もう一人も答えた。

「私はウガンダ人です。カトリックですが、ここの礼拝堂には仏教式の瞑想をしに来たんです。仏教の瞑想は心が休まりますからね」

――仏教の瞑想はどうやって知ったんですか?

「カンパラでは大学とかで仏教の勉強会だとか、瞑想のセミナーがあったりするんです。それに参加して、仏教に興味を持ちました。日本の仏教はよく知らないのですが、タイの『ダンマカヤ』というところには何度か行きますね。そこで瞑想もします。あとはエンテベに仏教センターがあるのでそこへ行ったこともあります」

エンテベのウガンダ仏教センターはウガンダ人の間でもまあまあ有名みたいだ。

――ところでお二人はハッピーサイエンスって知っていますか？　日本から来た宗教運動なのですが、最近ウガンダで流行っているらしいんです。

「ハッピーサイエンス？　俺は知らないな。ウガンダに来たのは七か月前だから」

「私は知ってますよ。深くは知らないけれど、別に悪いものではなさそうですね。去年日本から指導者（リーダー）が来ましたよね？　看板が出ていたし、テレビで見ましたが、ちゃんと見なかったからよくわかりません」

――どう思いますか？

「まあ、どうって言われても、別に悪いことをしているわけじゃないですよね？　いいんじゃないですか。ハッピーサイエンスは何も変なことはしていないと思いますよ。でも、やっぱり自分が信じている宗教を変えるのは大変ですからね。私も仏教の瞑想は心が安らぐので好きですが、家がキリスト教なのでキリスト教のままです」

ウガンダ人は節操もなく簡単に宗教を変えるものと思っていたが、人によってそういうわけでもないようだ。

「そういえば、日本にシンフォニー・オブ・ピースというのがあるでしょう。知っていますか？　フジヤマの近くにあったと思います。仏教ではないのですが、世界平和の運動をしているところです」

——シンフォニー・オブ・ピースですか？　うーん、ちょっと分かりませんね。

後で調べてみたら白光真宏会《びゃっこうしんこうかい》だった。白光真宏会はそれ自体よりも、神社やお寺によくある「世界人類が平和でありますように」のピースポールのほうが有名かもしれない。白光真宏会は毎年仏教やキリスト教やイスラム教など、色々な宗教者を集めて「シンフォニー・オブ・ピース・プレイヤーズ」というイベントをやっているようだ。

大川隆法のウガンダ大講演会

ウガンダにおける幸福の科学の知名度をぐんと上げたのは、二〇一二年六月にウガンダ最大の国立スタジアム、マンデラ・ナショナル・スタジアムで行われた大川隆法の講演会だろう。「ハッピーサイエンスを知っていますか？」と聞いて「知っている」と答えたウガンダ人の多くは「マスターが来た。テレビで見た」と言っていたし、講演は国営放送を含むテレビ三局で同時中継されたそうで、ずいぶんな広報効果があったはずである。教団の広報によると当日は一万人の参加者があり、参加した未入信者の九割以上が入信したと伝えられるので、本当だとしたらウガンダに九〇〇〇人以上の信者がいるはずだ。

講演会には幸福の科学信者と伝えられるウガンダやナイジェリアなどの有名歌手が

前座に登場した。教団ホームページによれば有名歌手たちは信仰を伝える楽曲を披露し、「音楽を通じて主エル・カンターレの愛が人々に伝えられた」とのことだ。大川隆法総裁も「自分自身に自信を持ちなさい。そうすることでアフリカが発展途上であるという観念に立ち向かうことができます」とアフリカを励ますメッセージを発し、各種新聞でも大々的に報道された。

ウガンダに住む知人の談によると、大川隆法の直前に日本・ウガンダ国交五〇周年を記念し、皇族として初めてウガンダを国賓訪問された秋篠宮文仁親王《あきしののみやふみひとしんのう》殿下よりも、講演会のほうが報道が大々的だったらしい。ただし、殿下は大統領と面会されたが、大川隆法は大統領と面会したわけではない。

講演会に際しては二つの問題が発生した。会場のダブルブッキング問題とバス会社との未払い問題だ（また幸福の科学に批判的なウガンダ人ジャーナリストを講演会場から出禁にするトラブルなどもあった）。

講演会当日はウガンダ陸上協会もスタジアムをオリンピックの予選会場として予約していたが、幸福の科学側が会場を押さえてしまったため、設備不良の別グラウンドでの予選実施を余儀なくされ、その結果五人の陸上選手がオリンピック出場を逃したという。これに対し幸福の科学は、「教団側が先に予約した後に陸上協会が練習目的のために予約の打診をしただけでダブルブッキングの事実はない」としている。

また、講演会当日の観客の移送をするためバス会社と一一四六万円の契約をしたものの、「バス会社が二六〇台のバスを用意するはずだったが、八九台しか用意されなかった」として、幸福の科学側はバス会社に契約金の一部、三六三万円の支払いを拒否したが、バス会社側はこれに対し「一二〇台のバスをちゃんと配車した」と全く異なる主張をして、幸福の科学を提訴した。

これらのトラブルはBBCで報道され、報道では「カンパラの福音派の牧師には幸福の科学を『カルト』とまで呼んだ人もいる」とも紹介されている。こうしたBBCの報道をもとに、『週刊新潮』でも「BBCもカルトと報じた幸福の科学」として幸福の科学を批判する記事が掲載され、これに対し教団は「『週刊新潮』の編集部には悪魔が巣食っている」と批判した。

だいたいこういう報道は雰囲気的に宗教団体が悪者になってしまうのがオチだが、正直なところ、牧師が幸福の科学を「カルト」と言ったのは「キリスト教とは異なる教義で神を捉えている」という意味だし、また「当日になって約束したことと違うことをする」というバス会社とのトラブルはアフリカにありがちなことだ。幸福実現党を結党した二〇〇九年に『文藝春秋』の取材で高額の選挙費用を心配するインタビュアーに「『宗教界のトヨタ』ですから（大川隆法談）」と言い、実際に選挙で億単位の供託金を何度も没収されても動じない幸福の科学が、わざわざアフリカの途上国で三〇〇万円程度の金払いを渋るわけがないと思うので、個人的にはどっちが悪いとか一概には言えない気がする。

東アフリカ最高学府にて

カンパラに着いてから、タクシーの運転手、その辺の通行人、大学生、商店の従業員、ガソリンスタンドの従業員、レストランのウェイター、ホテルの従業員など、いろいろな人に「ハッピーサイエンスを知っていますか？」と質問してみた結果、五〇人中三六人の人が「知っている」と答えた。これはコートジボワールの首都アビジャンにおける崇教真光《すうきようまひかり》の知名度（第４章参照）よりも高い。

幸福の科学は日本全国の学生信者の便宜のため、硬い言い方をすれば「組織化」する目的で、全国に学生や若者が集まる施設を作っており、主だったものとして渋谷に「足を踏み入れるだけでエネルギーがチャージされる」というヤング・ブッダ渋谷精舎や、早稲田大学近くには「早稲田拠点」などがある。また、全国の大学の学生信者が中心となって学園祭に出展をし、「心のエステ」という自己啓発系の企画で幸福の科学の教えを用いた心理アドバイスをしたりしている。では、東アフリカ最高学府と言われるウガンダのマケレレ大学ではどうなのだろう。はたして学生信者の組織化はできているのだろうか。調べに行った。

まず、図書館前で新聞を売っているおじさんに聞いてみた。

――ハッピーサイエンスを知っていますか?

「ああ、知ってるよ」

――なぜハッピーサイエンスを知ったのですか?

「二年前にマスターが来ただろ? それに、そこの広場で最近BBCと共同で展示会をやっていたからな。でも、つい三、四日くらい前までで、もう終わっちゃったんじゃないか。残念だったね」

なんと幸福の科学を「カルト」と報じたはずのBBCと共同で展示会をしたという(展示が終了していたため真偽は不明)。もう数日前にウガンダに着いていればと後悔した。少し歩いた後、学生寮があったので、学生組織の会員をしているという学生に聞いてみた。

――ハッピーサイエンスを知っていますか?

「ああ、知っていますよ」

――ハッピーサイエンスの学生団体は大学にあるのですか？　学内で何か活動しているのは聞いたことがありますか？

「いや、聞いたことないですね。大学では何もしてないんじゃないですか。学生を組織するまでは行ってないと思いますよ」

――そうですか。日本では学生の活動もあったりするのですが。

「そうですか、バイト代を払って学生を動員して、横断幕とか作ったりしている団体はありますが、ハッピーサイエンスはそんなこと特にやってないんじゃないですかね」

特に学生の組織化はやっていないのかもしれない。大学当局はどう認識しているのだろう。広報課に行くと「たぶん何も活動していないと思うが、学生活動に関しては学生課に聞いてください」と言われたので学生課に行った。

――ハッピーサイエンスは大学内でなにか学生活動とかしているんですか？

「いや、していませんよ。私たちは把握していません。信者の学生はいるでしょうが、学生活動としては存在していないでしょう」

とりあえず学生課は把握していないとのことで、大学では特に目立った活動はしていないようである。

次にマケレレ大学内の書店で聞いてみた。

幸福の科学の活動で目立つのは書籍の販売だ。大川隆法の著書の発刊点数はこれまで全世界で一四〇〇冊を超えており、二〇〇九年には五二冊の本を出版して年間最多発刊記録としてギネスブックにも載った。日本ではだいたいの大手書店には幸福の科学専用の書棚があり、大川隆法の著書が置かれている。ウガンダではどうか。

――すみません、大川隆法の本ありますか？

「なんですか？　オーカワ・リューホーですって？」

――ハッピーサイエンスの総裁ですよ。

「ああ、ハッピーサイエンスですか、ウチにはないですね。アリストック（書店名）へ行ってみてください。ガーデンシティ（ショッピングモール）にありますよ。カンパラで一番大きい本屋です」

大学の書店には入っていないとのこと。確かに日本でも一般書店には幸福の科学関係の本はたくさんあるが、大学生協には置いていない気がする。ガーデンシティに行ってみると、南スーダンへＰＫＯで派遣されている陸上自衛隊隊員が一〇人ほどで買い物をしていた。少し話を聞くと、京都の福知山《ふくちやま》の部隊で、二〇一三年一二月から派遣されて初めての休暇だそうだ。書店のアリストックに入ると、二か月前に亡くなっ

ダライ・ラマと同じ棚に並ぶ大川隆法

たネルソン・マンデラの伝記が多数置いてあり、大川隆法がマンデラの死後六時間後にマンデラの霊を降霊させた霊言本『ネルソン・マンデラ、ラスト・メッセージ』と一瞬見誤った。

――すみません、ハッピーサイエンスの本を探しているんですが。

店員は、「ハッピーサイエンス」を聞き返すことなく、とてもスマートに宗教のコーナーへ僕を案内した。

「お待たせしました。ハッピーサイエンスはこちらです」

驚いた。日本のように書棚まるごと幸福の科学というわけではないが、宗教のコーナーに、ダライ・ラマと並んでびっしり置かれている。しかもダライ・ラマの本は五種類しかないのに、大川隆法の本は二一種類だ。

――ずいぶんたくさんあるんですね。よく売れてますか？

「まああですね。平均的な売れ行きといったところでしょうか」

――ダライ・ラマと並んでいますが、どっちがよく売れますか？

「うーん、まあ、どっちがよく売れるというわけではありませんが、こっち（ダライ・ラマ）のほうが有名ですよね」

――ところで、こういう本はハッピーサイエンスがお店に「本を置いてください」と売り込みに来るのですか？

「いや、そういうリクエストはないと思いますよ。とりあえず私は知りません。まあ彼らのうちの誰かが営業に来るということはあるでしょうね。でもどうしてですか？」

――ハッピーサイエンスは日本ではマーケティングがうまいというか、書店にその本だけを置く専門のコーナーがあるんですよ。それで、ウガンダではどうなのかなと気になって。

「ああ、そうなんですか（なぜか笑って）。ここではないです。まあ、私は存じませんね。あなたももし宗教の本をお書きになったら持ってきて下さってかまいませんよ。持ってきていただいたら置きますから」

せっかくだから何か買おうと、英語の勉強になるかもと思い、アメリカで発行された幸福の科学の入門書「The next Great Awakening A spiritual Renaissance」をレジへ持って行った。

ガーデンシティのアリストックを出た後、市街地の個人経営の小さな書店へ行ってみた。

――ハッピーサイエンスの本を探しているんですが。

「ああ、ハッピーサイエンスだな、ここだよ。もうこれしか残ってないな」

店主はしなびて日焼けした『幸福の法（英語版）』を取り出した。

「前から外に出しっぱなしだったから日焼けしちゃって、今はビニールに入れて中の本棚で売っているんだ」

――これは売れていますか？

「今はぜんぜん売れないなあ。二年前は売れたんだよ。知っているだろ？　二年前にウガンダにマスターが来たんだよ。あの時はいっぱい人が買いに来て、毎日のように売れた」

――ご主人はこの本は読んだことはあるんですか？

「あるよ。タイトルは忘れたが、よく『ありませんか？』って聞かれたやつだったな」

――内容はどうでしたか？

「ああ、気に入った。良いこと言ってたよ。気に入ったのは『自分自身を信頼しろ』というところだな。つまり、『自分自身の為になることをしろ』『自分自身を大切にしろ』ってことだからな。読んでいて、とても良いと思った。ハッピーサイエンスはもっといろんな人に知られていけばいいんだよね。カンパラじゃみんな知っているけれども、田舎なんか行ったら誰も知らないだろ。これからどんどん広がっていけばいいと思っている」

――スピリチュアル・メッセージ（霊言）も読みましたか？

「ああ、読んだよ。良かったね。まあでも、いいかい？　アフリカ人は君ら日本人と違うからきっとなかなか霊言を理解できないだろう。初めはよくわからなかったとしても、時間をかけていけば、霊言も理解されていくと思うよ」

――これからハッピーサイエンスはウガンダで受け入れられていくと思いますか？

「イエス、オフ・コース！　良い教えなんだから広がって当然だろう。なんでもそうだが、良いことを言っている人の話っていうのは広まっていくものなんだよ」

――あなたは入信してるんですか？

「いやいや、俺はメンバーじゃないよ。深く知りたいとは思うけど、まだ詳しく話してくれる人が身近にいないしな」

店主は入信していないと言うが、とても興味がある様子だったので「毎週日曜日は昼から礼拝があるそうですよ」と言うと、「行けたら行ってみる」ということだった。

ウガンダ在住の日本人天理教信徒

ウガンダに着いた後に、在留邦人の知人と話していて偶然知ったのだが、ウガンダでは天理教も活動しているらしい。天理教のアフリカでの活動はコンゴ共和国が有名だが、ウガンダでも活動しているのは初耳だ。インターネットで検索してみるとどうやら、「天理教」というよりも、天理教系のNPOがあるらしい。早速行ってみた。

ネットで出てきた住所は自宅兼事務所のようだ。普通、自宅にアポなしで旅行者が訪ねて行ったら「帰れ」と言われるのがオチだろう。しかしここでは歓迎され、昼時だったのでお茶だけでなく昼食まで御馳走になった。

——天理教がコンゴで活動しているのは知っていましたが、ここでも活動されているんですね。

「ああ、まあウガンダでは〝一応〟ですね。コンゴは本部が力を入れてるんですが、うちは僕がなかば個人的にやってるだけなんですよ」

話を聞かせてくれたのは日本人の天理教信徒のご夫妻。NPOは青少年育成が活動内容だそうで、二〇〇一年から活動をしているという。

旦那さんのほうはNPOの仕事のかたわら空手の先生もやっており、週に何度か教室を開いている。以前は来る者拒まず、無料で空手を教えていたが、「暴動で警察と戦うために空手を教わりに来る人がいて、とばっちりを受けて僕まで警察に二回くらい連行された」ことや、礼に始まり礼に終わる武道を習いに来ているはずなのに、「何回か家の備品を盗まれた」こともあったので、今は「残念だけど月謝制でちゃんとやる気のある人にしか教えていない」そうだ。

彼自身は実家が天理教だから天理教徒というだけで、宗教的な信仰心は特にないとは言うが、一〇年以上にわたるアフリカでのNPO活動の苦労話を聞くにつれ、長期間、途上国で孤軍奮闘しながら社会奉仕活動を続けるという、慈愛の心を持っているように見えた。

ウガンダにおける天理教の組織としては、エンテベに布教所があって、そこはしっかりとした建物が建っており、ウガンダ人の「信徒」もいるが、天理教を真面目に信仰しているかは怪しいという。

――ウガンダ人の天理教徒の方もいるわけですよね？

「ええ。まあでも、天理教徒と言っても、ウガンダ人で真面目に信仰している人は正直いない気がしますよ。日本から偉い人が来ると皆集まって来ますけどね、日頃まじめにやっているかと言ったらそうではないでしょうね。エンテベの布教所は現地の人もいますが、でも元々その人の土地を借りて日本側が布教所の建物を建てたってわけで、いきなりそこへ行ったとしても、何もないと言うか、特になにか活動をしているってわけじゃないですね」

ハコモノは建てたものの、ウガンダ人の純粋な信仰心が付いてこないようである。この後、幸福の科学についての質問を皮切りにウガンダ人の御都合主義的な信仰心の話になった。

――ウガンダでは幸福の科学が流行っているそうですね。

「ああ、そうそう。確か大川隆法が来たんですよ。ガーデンシティの前に大きな看板が出てました。あれ今もまだ貼ってあるのかなあ？　それに日曜日になると大川隆法の顔が載ったバスが走ってます。でも、講演に来た時はね、キリスト教の偉い人の霊言をしたそうで、それでキリスト教の人が怒ったみたいですね」

――でも、もちろんこっちの人にも幸福の科学を真面目に信仰している人もいますよね？

「うーん、どうでしょうかね。正直こっちの人は本当に結局お金ですよ。お金ね。奨学金がもらえなくなったからこっちの教会辞めて、あっちの教会に行きますとか、宗教自体も簡単に変えますからね。うちのほうでも、以前奨学金とか援助してたコがいましたけど、リーマンショックの時に財政が厳しくなって、『もう奨学金出せません』ってなったら、それ以降そのコも来なくなりましたから……」

ウガンダ人を宗教に結び付けるのは「純粋な信仰心ではなく結局お金」との意見だ。前述のように、かつてのアミン大統領もリビアのカダフィ大佐の支援が欲しいがためにイスラム教に改宗した。日本人という先進国民がウガンダという後進国で慈善事業をしているわけだから、その善意を利用して先進国（日本）へ行って金を稼ぎたいというウガンダ人も多いのだろう。苦笑いをしながらこんなことまで言う。これには驚いた。

「それに、天理教の修養科まで出たのに行方をくらました人もいましたよ。また、ここで二年間くらい世話していた青年がいましたけれど、その青年もね、日本に行って、二、三日でいなくなりましたからね。やっぱり二年も真面目に一緒にいれば信用するじゃないですか。でもそんな人も結局日本に行ったら行方不明になってしまうんですよ……」

日本へ行ったウガンダ人が行方をくらます話が続く。来日した大統領の警護官が秋葉原で逃げたり、日本人の彼女を作って日本に行って逃げたり、ウガンダに限らず他のアフリカの国ではそういうことがよくある。ロンドンオリンピックの時はロンドンに行ったアフリカの国の代表選手団がロンドンで行方をくらませたことが問題になった。ブルキナファソではそんなに聞かないが、特に在留日本人が多い東アフリカではよくある話なのだろう。そういえば天理教はかつて「貧に落ちきれ」という標語で有名だったが、すでに貧に落ちきっている途上国の国民にそんなこと言ったって無理だ。

「それに、こっちの人のお祈りって願いが具体的すぎるんですよね（笑）。例えば、『白人の愛人ができてラクができますように』とか『白人の会社に勤められますように』とか、そういうのばっかりで、『世界人類が平和でありますように』みたいな高尚な願いは全然ないですねえ……」

ガーナの日蓮正宗の加藤住職が批判する御利益《ごりやく》信仰（第６章参照）がウガンダでも人気なようだ。

「やっぱり、幸福の科学はお金すごく出してますからね。大きい講演会とかやって、歌手とか呼んだりして。そういうのもお金たくさん払ってるわけじゃないですか。こっちの人にとっての魅力はお金なんですよね」

もしかしたらウガンダ人が幸福の科学へ入信していく理由は、ファッション感覚に加え、御利益信仰なのかもしれないという気がしてきた。

二〇一二年のBBCによる「世界に良い影響を与えた国家ランキング」で第一位になったことからも分かるように、日本という国の好感度は世界的に非常に高い。クールジャパンが人気の世界有数の裕福な国で、カラテやサムライ、ニンジャといった神秘的な魅力にも溢《あふ》れている。そんなクールでリッチで神秘的な国から、「ハッピーになれるサイエンスです」と言って新しい宗教が、ウガンダという「宗教が大好きな国」へやって来たら、確かにそれは人気にならないわけがない。「霊言」だって、アフリカ人の目には東洋の神秘として映るかもしれない。

それに仏教、キリスト教、イスラム教などの世界の諸宗教を統合しようとする考えそれ自体は、ウガンダで多いバハイ教と同じである。宗教に偏見のないアフリカ人ならそのまま受け入れるはずだ。「クールジャパンのハッピーサイエンスか、悪くない。入ってみよう。何かいいことがあるかもしれない。それに、めんどうになったらやめればいいだけだ……」そう思って入る人がたくさんいてもおかしくない。

アメリカのニュース放送局FOXニュースで報道されたウガンダでの幸福の科学の成功を分析する記事には、現地の牧師や研究者の声が掲載されており、それによるとウガンダで蔓延《まんえん》する貧困が幸福の科学の成功の原因で、金銭的な利益が得られることを期待して入信する人が多く、また、幸福の科学がウガンダの貧困地域で行っている蚊帳《かや》や食料などの寄付、災害時の緊急支援、エイズ遺児の奨学金支援などの活動を例に、こうした具体的な慈善事業がウガンダ人の入信に功を奏しているとの分析がされている。

つまり、貧しいウガンダ人にとって幸福の科学は「お金持ちのパトロン」というわけだ。

――では、幸福の科学のお金がたくさんあってリッチな雰囲気を魅力的に感じて入信する人が多いということでしょうか。

「まあ、やっぱりウガンダ人ってカタチにこだわるじゃないですか。教会でも、大きな教会とか豪華な教会とかは大人気ですごく人が集まるし、カンパラにはカダフィ大佐が建てた大きいモスクがありますけど、残念ですが、こっちの人はああいうのが好きなんですよね」

金銭的な御利益を求めて宗教活動に身を投じていく。ガーナの日蓮正宗の加藤住職の言った「こっちの人は宗教に入って豊かになることしか考えていない」（第6章参照）を思い出した。

幸福の科学ウガンダ精舎

ウガンダに来てから会う人会う人全員に幸福の科学について質問し、「幸福の科学の知り合いがいたら紹介してくれないか」と聞いたものの五〇人中ゼロだったので、やむなく一人で幸福の科学の日曜礼拝に向かった。

日曜日の礼拝は正午に始まる。ふつう日曜日の礼拝といったら九時か一〇時に始まるのが一般的だが、おそらくキリスト教の礼拝が午前中にあるので、キリスト教徒も来やすいようにと配慮しているのだろう。精舎に来るまで何軒も、牧師がマイクを使って大声でわめき散らすような礼拝をしているパワフルなペンテコステ系の教会を見た。

精舎の前には大川隆法の顔が印刷された大きな看板がある。日本では見かけない看板だが、アフリカではこういう宗教家の顔がプリントされた看板はよく見かける。

精舎の敷地内には大きなバス一台とワゴンが二台ある。これが毎週日曜日にカンパラ市内を走り回っているのだろう。門には警備員の詰所《つめしょ》がある。警備員は「ハッピーサイエンス、イッツグッド！」と言うが、信者ではないそうだ。

古代ギリシャ風の剣と杖のオブジェが飾られた玄関を通り抜け、内部へ入る。中の

ウガンダ支部精舎

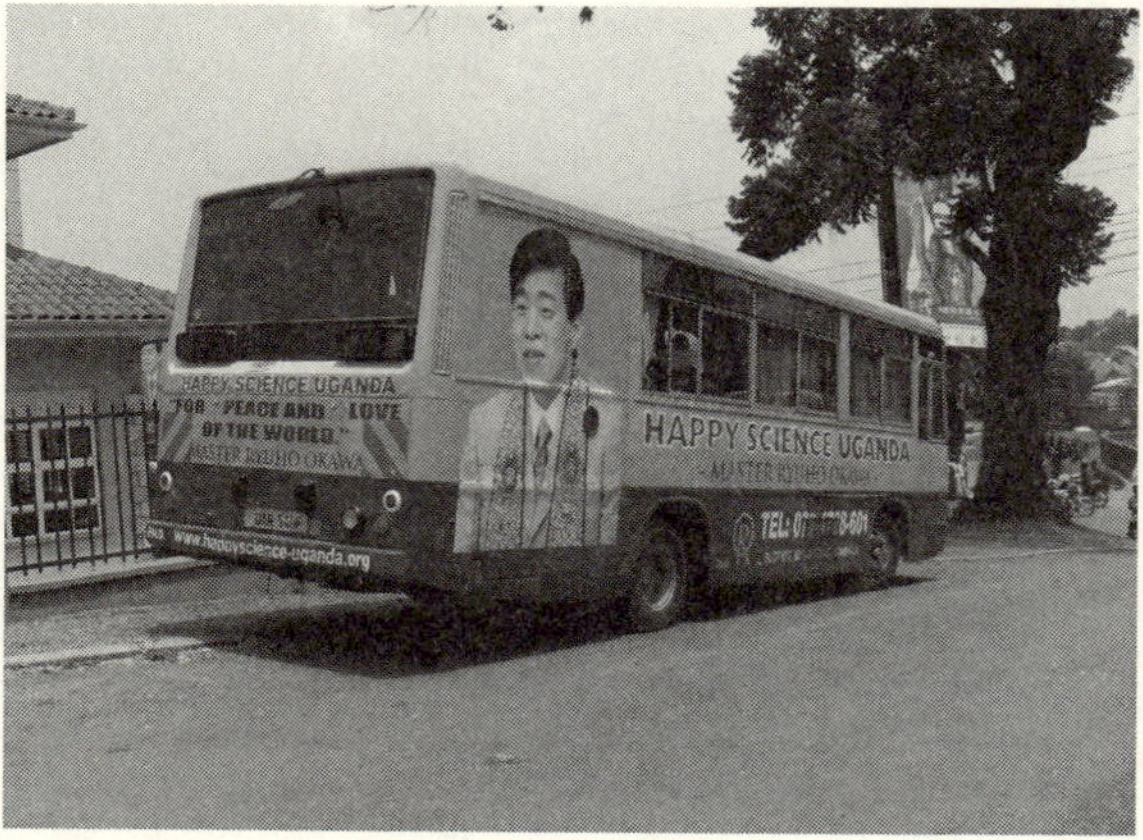

日曜日に運行されるバス

造りはとても立派だ。大川隆法の著作が並べられた豪華な本棚（盗難防止のため施錠済）があり、その前には信者がくつろいで団欒《だんらん》できるようソファが数脚ある。本の宣伝も余念がなく、「一〇〇万部売れた！」と本の説明板が床に立てかけられている。豪華な本棚を覗くと、英語だけでなく、なんとルガンダ語（ウガンダの現地語）の本もある。幸福の科学のウガンダ宣教に対する本気度がうかがえる。

他にはマンデラの死後幸福の科学内に設置された「マンデラ基金」の張り紙や、おそらく精舎落慶《らっけい》時に撮られた写真がたくさん貼られた掲示板などがある。しかし正心《しょうしん》宝《ほう》（「ＯＲ」の意匠の入ったロザリオ）は売られていない。

一通り中を見学したので、いよいよ礼拝堂へ入ってみる。

礼拝堂に入り、思わず口をついて出てきた言葉は残念ながら「人が少ない……」だった。

礼拝堂のキャパシティはおそらくガーナの日蓮正宗の法華寺《ほっけじ》（第６章参照）よりやや小さいくらいだが、真光《まひかり》のアビジャン道場（第４章参照）やバハイ教礼拝堂と同じくらいで、ゆったり一〇人は座れる長椅子が三〇脚ほどあり、三〇〇人は容易に収容可能に見えた。しかしこのキャパシティに比べ、参加者が非常に少ない。僕を含め四〇人もいないのではないか。

ルガンダ語の書籍

「ウガンダ　幸福の科学」とインターネットで検索すると、『ザ・リバティ』（幸福の科学機関誌）ｗｅｂ版でも「ＮＡＶＥＲまとめ」サイトでも、どうやら幸福の科学がウガンダで流行りまくっているらしいという情報に当たるが、この人気のなさはなんだろう。

精舎に来る前にバハイ教の礼拝にも参加したのだが、キャパは同じくらいだったが八〇人くらいは参加者がいたし、精舎への道中で何軒も目にしたあばら屋のプロテスタント系の教会は朝から大盛況で、拡声器を使って大声で賛美歌を歌っていた。

ただ、建物自体は非常に豪華で、礼拝堂正面には二、三メートルはありそうな金色の大きなエル・カンターレ像、横には薄型テレビ（韓国製）、空席が目立つ椅子も木製の綺麗な長椅子だ。両側には大きなクーラーが数台設置されている。後ろを振り返るとウガンダに巡錫《じゅんしゃく》した際の大川隆法の写真が飾られ、黄色い派手なスーツを着て笑っているのが見えた。

悲しいかな、この建物の豪華さがかえって参加者の少なさを際立たせている。

考えてみたらネットの情報はウガンダに大川隆法が来た二年前のニュースで止まっている。一万人が参加したという講演会にしても、有名歌手が出演するから講演会に来てみたという人も多かっただろうし、入会後も続けて真面目に信仰している人は少ないのではないか。二年も経てば状況だって変わるだろう。

『ザ・リバティ』web版には「アフリカで信者が急増」や「大川隆法総裁の御法話を七〇〇万人が拝聴」とあるが、ずいぶん盛り上げ過ぎではないか。確かに「遠いアフリカで幸福の科学を信仰している人がいる」ということ自体すごいと思うが、日曜日の集会にこの参加人数では、日時にかかわらず毎日毎時ひっきりなしに人が出入りする真光のアビジャン大道場や、毎週日曜日の勤行に百人単位で人が集まるガーナの日蓮正宗法華寺とはおそらく比較にならない。

さて、肝心の礼拝はというと、こんな感じである。

まず、ウガンダ人の導師がエル・カンターレ像に祈った後、説法を始めた。説法は英語でしているが、逐次ルガンダ語の通訳が入る。その後、正面のエル・カンターレ像の横に据えられた壁掛けテレビで大川隆法のテレビ説法（録画）が始まった。日本語で説法する大川隆法に英語のアフレコが入っている。

テレビ画面を見るウガンダ人信者を観察すると、腕を椅子の背もたれに乗っけたり、僕の隣の少年は長椅子に寝そべったり、どうも退屈そうだ。一応みんな礼拝堂から出るときはエル・カンターレ像に合掌してから出ていくので、信仰心はちゃんとあるようである。

礼拝に人が集まらないのはこのテレビ説法の雰囲気のせいかもしれない。歌いながら大声で叫ぶ牧師と信者のパワフルな一体感が売りのペンテコステ系キリスト教会で行われる礼拝に比べたら、テレビ画面を見ているだけでは大した集団心理は働かないし、フィジカルな楽しみもない。アフリカ人受けするパワフルさが礼拝に足りないように思われた。

テレビ説法が終わると、感想を言っているのか、参加者にマイクを渡しながらウガンダ人導師による説法があり、植福《しょくふく》（賽銭）が続いた。チャリンというコインの音が聞こえるので、額は少額だろう。ウガンダの通貨は五〇〇シリング（約二〇円、当時）

以下からが硬貨である。

次に大川隆法による正心法語の日本語の朗読がスピーカーから流され、日本人のウガンダ支部長のリードのもと、「主への祈り」と「守護・指導霊への祈り」の英語版を皆で朗読した。その後、経済繁栄祈願、学業成就祈願、病気平癒祈願、悪霊撃退の祈り（全て英語）などの祈願が、エル・カンターレ像に正対する日本人支部長のもとで執り行われた。病気平癒祈願や悪霊撃退の祈りでは「エル・カンターレ・ヒーリング」と「エル・カンターレ・ファイト」（剣を素振りして邪気を払う幸福の科学版の「お祓《はら》い」）が行われた。すべての祈願にウガンダ人信者は、合掌しながら真面目に拝受していた。

その後瞑想を挟み、「ハッピーサイエンス・ウガンダ」の黄色いポロシャツを着た六人ほどの聖歌隊が前に出て、奉納曲「たとえ何が起ころうとも／Come what may」が歌われた。

歌は映像付きである。YouTubeで「Come what may」と検索すると出てくる動画と同じものがテレビ画面に流される。幸福実現党の演説や大川隆法の各地への巡錫の様子などいろんな映像が編集され、一九八七年の第一回幸福の科学発足記念座談会の写真も映る。

歌が終わると三帰誓願《さんきせいがん》（入信）があり、新たな入信者は一〇人くらいいたように見えた。「ウェルカムトゥハッピーサイエンス」とウガンダ人の導師がマイクで話す。その後、幸福の科学の奨学金「ゴールデンエイジ・スカラーシップ」の案内などが行われて礼拝は終了した。奨学金は月一〇〇〇円からと少額だが、応募用紙を受け取る若者は多かった。

インド人に「仏陀再誕」を質問

ウガンダは他の東アフリカの例にもれずインド系住民が多く、ヒンズー寺院もたくさんある。そういえば、釈尊《しゃくそん》の生まれた地であり古代仏教が栄えたネパールやインド、スリランカで幸福の科学は積極的に布教活動を行っている。

「仏陀再誕」という考えは仏教徒には受け入れがたいことだが、中には納得する人もいて、インド人が多く住む東京の西葛西《にしかさい》では在日インド人の会員も少なくないし、幸福の科学の広報映像で、形骸化した自国の既成仏教界に反発し、「仏陀再誕」の概念に賛成するスリランカ人を見たこともある。

幸福の科学のウガンダ精舎へ行った日の夜、「そういえば仏陀が生まれた国の人は『仏陀再誕』をどう思うのだろう」と気になってヒンズー教の寺院に行ってみた。

カンパラ市内のヒンズー教寺院

行ったのはカンパラのダウンタウンにある世界的なヒンズー教教団ＢＡＰＳの傘下寺院だ。

運がいいことに寺院は毎週日曜日の夜に説法会をしているそうで、説法会に参加することができた。会場のキャパは幸福の科学の精舎と同じくらいの大きさだが、参加者は幸福の科学と違って大勢だ。おそらく二〇〇人以上いる。全員インド人だ。

――ハッピーサイエンスを知っていますか？

「ああ、もちろん。知ってるよ。日本のだろう？」

周りの人も皆知っているような雰囲気である。

──ハッピーサイエンスでは仏陀再誕という考えがあって、仏陀の再誕ですから大川隆法は「生きる仏陀」ということになるんですが、ヒンズー教徒としてどう思いますか？

「いや、生きる仏というのは存在するものなんだよ。いいかい。神というものは誰にでも宿っているんだ。君にも俺にも、俺たちのリーダーにも、ハッピーサイエンスのリーダーにも神は宿るんだ。例えば、〝光〟というものは明るさはいろいろあるけれど、種類は一つしかない。光の力が違うだけなんだな。普通は一ボルトしかなくても、リーダーは一〇〇〇ボルトの光を持っている。自分のリーダーに付き従う者はそのリーダーのような光を目指さなければならないんだよ」

──でも、いろんな宗教がありますよね？　内容はそれぞれ違いますよね？

「それは、どんな宗教だって自分次第、君次第だろう。なんだっていいんだよ。キリスト教、仏教、イスラム教、ヒンズー教、言っていることは違う。けれど、光は一つ。みんな最終的なゴールは一つなんだ。同じなんだよ」

「宗教は一つ」。なんだかバハイ教みたいになってきた。

「だからね、いろんな宗教の中から一つ選べばいいってことなんだ。自分に合ったものを選んで、自分で頑張って歩いていけばいいんだよ。道はたくさんある。けれど道が違っていてもみんな同じ目的に向かっていくんだ。例えばカンパラまで来るために、ダーバンを経由しようが、ナイロビ経由だろうが、ヨーロッパ経由だろうが、カンパラに着けばいいだけだろう。自分次第だ。ゴールに到着すればどんな宗教でもいいんだよ」

――ゴールって何ですか？　人生の幸福ですか？

「いや、人生の幸福は宗教のゴールじゃない。ゴールは『究極に自由になること』。仏教で言うところのモクサ（悟り・解脱）だ。その目的に到達できればいい。宗教はそれだけのことなんだ」

宗教の目指すものはみな同じ。そしてそれは自分次第……

仏教（特に上座部仏教）では、輪廻の苦しみから解脱して悟りを開いた仏陀は、「私は転生しないだろう」と宣言したとされているが、幸福の科学では「転生しない」は「転生できない」ではなく、「衆生《しゆじよう》が苦しんでいるこの世に二度と現れないという無慈悲なことを仏陀がするはずはない」と言っている。

「天国にいる仏陀が本当はどう考えているのか」は実証することができない。仏教徒は釈迦の教えが書き記された経典に判断を委ね、「経典に書いていない仏陀再誕なんてあるわけない」と言う。そこに、「釈迦の霊が実はこう言っている」という理屈が入り込む余地はない。

これを教条主義と批判することはたやすかろうが、宗教とは根本的にそういうものだ。「○○は実はこう言っている」や「私が本当の○○だ」というフレキシビリティを宗教は許容しない。

例えば、ラエリアン・ムーブメントの「地球人は科学的に創造された」には、教条主義の陥る問題として、ラエルとユダヤ教のラビとのやり取りが次のように紹介される。

私はモントリオールのユダヤ教の責任者のひとりと、昼食を共にすることがありました。食事の最中に私は彼に尋ねました。

「もし、モーセがいま現れて、『旧約聖書』の教えとは違うことを、あなたに実行するようにモーセ自らが命じたら、どうしますか？」

彼は答えました。

「私は、聖書に書かれていることを実行し続けるでしょう」

多くの人たちがこのように考えており、これが、エロヒムが人間によって認められるときに起こる１つの問題です……

（ラエル著『地球人は科学的に創造された』二三九頁「伝統的宗教の将来」より抜粋）

この世にいない仏陀に質問する方法は存在しないのだから、仏陀が再誕したかしないかは立証不可能な押し問答にしかならないだろう。

だからこそ、インド人が言うように「宗教は自分次第」なのだ。

それは、どんな内容の信仰を持とうが、それを信じる人間の行動が人間を解脱という宗教のゴールに近づけるということだ。仏陀が再誕したかしないかの事実は関係ない。信仰を持つ個人がその信仰のゴールに達するかどうかは信じる人間の行動次第である。

「幸福」を求めて行ったウガンダで、宗教と信仰の意味を改めて知らされた。

第3章　真如苑

唐突な真如苑信者との出会い

「ここに来た時、『日本人はいないの？』と探し回った。それで、やっと彼女に出会えたんです」

僕がブルキナファソに住む真如苑《しんにょえん》の信者と出会ったのは本当にただの偶然だった。ある週末にクーペラという地方都市へ日本人の知人を訪ねて遊びに行った時のこと、その知人と道を歩いている時に、ばったり出くわした知人の友人がたまたま真如苑の信者だったのだ。

ジャック・ソンド・ノンガネレ、三三歳。ブルキナファソ第二の都市ボボジュラソ生まれの真如苑信者。ブルキナファソの有名パン屋チェーンでパン職人として働いており、二〇一三年からクーペラに住んでいる。クーペラに引っ越してきた時、「日本人に会いたい！」と街中を探し回った結果、JICA青年海外協力隊員の僕の知人にたどり着いた。

真如苑は仏教系の新宗教団体で、開祖は一九〇六年生まれの伊藤真乗《しんじょう》、教団では教主と呼ばれる。開祖が京都にある真言宗醍醐《だいご》派《は》の醍醐寺で得度《とくど》したので、儀礼では護《ご》摩《ま》がたかれたり、教団のイベントに醍醐寺の僧侶が参加したりするなど真言宗との繋がりが深いが、通常、真言密教は「大日経」、「理趣経《りしゅきょう》」を教典とするのに対し、真如苑は涅槃経《ねはんきょう》を最重要視している。また、「霊能者が霊界と繋がり入神して、信者に霊言を告げる」という「接心《せっしん》」という修行があり、これが普通の仏教とは違う独自の要素だ。伊藤真乗が一九八九年に亡くなった後は三女の伊藤真聰《しんそう》が跡を継いで苑主を務めている。

信者数は公称約一〇〇万人（海外含む）で、多くの宗教団体が水増しした信者数を公式発表するなか、この一〇〇万人という数字は現実の数に近いらしく、創価学会、立正佼成会《りっしょうこうせいかい》に次いで日本で三番目の規模を誇ると言われている。

本拠地は東京都立川市《たちかわ》で、立川駅の北に二〇〇六年開設の応現院《おうげんいん》という巨大な施設がある。その他、立川市と武蔵村山市にまたがる広大な日産自動車工場跡地（約一〇六万㎡、東京ドーム二三個分）を七三九億円で買収して、「プロジェクトMURAYAMA」という開発プランを立ち上げている。プロジェクトのホームページによると「まず、森に戻そう」という構想らしく、明治神宮の森のような緑地に整備する計画を持っている。

こうした大規模な用地買収の他にも二〇〇八年にはニューヨークのオークションで運慶作の大日如来像《だいにちにょらい》を一四億円で購入するなど、近年勢いを増している教団だが、東

ケニアを訪問する伊藤真聰：真如苑公式ホームページより

京での存在感に比べ、関西ではさほど有名ではないらしい。クーペラに住む僕の知人は大阪出身だが、ジャックに会うまで真如苑自体を知らなかったとのこと。

真如苑のホームページを見ると、海外の支部数はヨーロッパに六つ、アジアとオセアニアに六つ、北米・南米に七つの合計一九支部だけで、アフリカの信者情報は一切載っていない。一応、二〇一二年に伊藤真聰苑主が国連環境計画本部での会議に出席するためケニアを訪問して、法要を執り行い、その様子は海外メディアでも報じられたが、ケニアに信者が多くいるというわけではなく、信者はアフリカ全土でも数えるくらいしかいない。

積極的な「オタスケ」活動

ジャックが真如苑に入信したのは、彼がまだボボジュラソに住んでいた頃にさかのぼる。ボボジュラソでＪＩＣＡの青年海外協力隊員としてストリートチルドレンの支援活動をしていた「フジモトサン」という真如苑信者の日本人男性がきっかけだ。「フジモトサン」がブルキナファソで活動している間に彼から真如苑の教えを徐々に学び始め、たった一冊の真如苑の本をもらって、一生懸命熟読した。そして彼が日本へ帰った後の二〇〇九年、先に真如苑に入信した同僚の勧めもあり、「こんなに素晴らしい教えはほかにない」と悟り、真如苑に入信した。その後ジャックはクーペラに移住したが、同僚はボボジュラソに住み続けている。ジャックが言うには「彼はボボジュラソで真如苑の支部の活動をしています」とのこと。

二〇一三年三月には東京・立川の応現院で行われる常住祭《じょうじゅうさい》（開祖伊藤真乗の誕生日）に参加すべく、真如苑の招きで日本へ渡航した。日本での思い出を楽しそうに話す。

「一人で出歩いたことがあったんですが、道に迷ってしまって四時間も歩きました。でも、ガソリンスタンドの人が僕に身振り手振りで道を教えてくれたんです。日本の人は本当にみんな優しかったです。日本にいた時に『日本で僕が受けた優しさをブルキナファソに帰った後はほかの人に与えたい』とみんなに言いました」

日本滞在中あまりにも日本人に親切にされたので、ブルキナファソに帰国後、渡航ビザを出した日本大使館の領事部にわざわざお礼の電話をしたらしい。

さて、彼はクーペラでも真如苑を広めようと集会を開催したり、勉強会をしたりして非常に積極的に真如苑の勧誘・布教活動をしている。真如苑では教義を人に教えることを「お救《たす》け」と言い、ここでも日本語のまま「オタスケ」と言う。彼は市内だけではなく、電気や水道もない近隣の村まで出かけて「お救け」をしたこともあるという。

「彼らにも〝オタスケ〟をしました。みんな真如苑の集会に参加してくれたんですよ」

彼とばったり出会った日の夜、彼が働いているパン屋の中を案内してくれた。そこにいた従業員のほとんどは彼から真如苑の勧誘を受けたらしい。「彼は集会に参加してくれた」、「彼女に真如苑の教えを説明した」、「彼は入会してくれた」とすれ違う同僚をみな僕に紹介する。このような積極的な「お救け」活動の結果、彼がクーペラに引っ越してきてからなんと合計四五人のクーペラ市民を真如苑に勧誘することに成功

お救け活動を行うジャック

した。勧誘方法はシンプルだ。知り合った人に、「私は仏教だ」と言うとだいたいの人は興味を持ってくれるので、そういう人を集めて集会をしたり、興味を持った人の家に行って話をしたりして勧誘をしているらしい。

日本でも職場の同僚をすべからく宗教に勧誘する人はたまにいるだろうが、日本との違いは、そういう人が日本では「迷惑な人」と形容される一方、アフリカでは「真理を求める敬虔な人」とされるところだ。

ジャックの自宅にて

彼はクーペラ市内中心部から数キロ郊外へ行ったところにある長屋の一角

に住んでいる。水場は共同で、決して豊かではないブルキナファソの庶民が住む平均的な家。部屋に入ると彼の妻と三人の子どもが迎えてくれた。彼の実家は弟のみが真如苑に入信したが、他はキリスト教のままだそうだ。こぢんまりとして飾り気のない室内で目立つのは壁に飾られた真如苑の本尊である釈迦涅槃像（開祖直々の彫刻）と伊藤真聰苑主の写真だ。

「ようこそウエノサン、どうぞ座ってください」

彼は僕に椅子に座るよう促すと、おもむろに今年の三月に彼が訪日して参加した常住祭のビデオを流し始めた。ビデオでは涅槃像に向かってアメリカ人らしき白人男性がスピーチをしている。

しばらく再生すると彼も登場した。世界各国から訪れた信者に交じり、ブルキナファソの伝統衣装に身を包んで涅槃仏に歩み寄り献花する彼。真如苑に入信して四年目、アフリカの僻地《へきち》から聖地・東京の立川へはるばる巡礼に訪れ、苑主と同じ場に立ち、開祖が彫った本尊に直に花を添える。映像の中で合掌をして微笑む彼の表情からは満ち足りた幸せが感じられた。

「世界中から真如苑信者が来ていましたが、アフリカ人は私一人しかいませんでした。来ていたフランス人が驚いていましたよ。『そんなバカな、アフリカの仏教徒がいる

「アフリカ人では2人しか持っていない」という真如苑の袈裟を羽織るジャック

なんて!』と(笑)」

ビデオを横目で見ながら早速真如苑の話を聞かせてもらう。

「例えば、キリスト教は『神を信じなさい、イエス・キリストを信じなさい、教会に寄付をしなさい』というだけで、『神はどこにいるんだ?』と聞くと、『神は見えないがどこにだっている』と言いますね。それでは信じられません。分からないもの、触れられないもの、信じるだけしかできないものは非現実的です。その点、仏教はそうじゃありません。釈迦は我々と同じ肉体を持った人間で、いつ生まれて、いつ悟りを開いて、いつ死んだかが分かる人間です。そして、仏教の教えは一人ひとりが正しく生きれば、良い行いをすれば誰だって仏になれるという教えです。キリスト教ではいくら良い行いをしたって神になることはできませんが、仏教は違います」

——真如苑に入信してから自分自身に変化はありましたか?

「そうですね。真如苑に入ってから、私は本当に変わったと思います。昔は自己主張が激しかったのですが、今は違います。真如苑は私に新しい人生をくれたようなものです。生まれ変わったと言ってもいいでしょう。昔は妻の意見もちゃんと聞きませんでした。アフリカでは男は女より偉いと考えられているんですが、真如苑は違います。男女は平等だと言います」

彼の妻もこう言う。

「ええ、彼は真如苑に入信して本当に変わりました。昔は何かあるとすぐに怒るような人でしたが、今はとても優しいです。私自身も入信して自分が変わったと思います。昔は辛い、苦しい人を見ても何も思わなかったけれど、今は他人の辛さが分かるようになったと思います」

彼は開祖の伊藤真乗が六〇年代にローマ法王（パウロ六世）と面会した時の写真を取り出し、僕に見せた。

「このように、教主様（開祖の伊藤真乗）はローマ法王と会談しました。私もそれを見習ってクーペラのカトリック教会の司教に会いに行って話をしたりします。司教は『仏教とキリスト教は兄弟だ。仏教が兄でキリスト教が弟だ』と言ってくれましたので、私は『仏教は宗教の差別はしないんです。キリスト教徒でもイスラム教徒でもそのままでいいんです。ただ、正しく生きればそれで良いという仏教の教えを知ることは必要です』と話しました。モスクにも行きましたよ。イマームと話しました。イスラム教では礼拝や喜捨が義務ですが、『外で人殺しをしてモスクに行き、一〇〇万フランを喜捨して礼拝をすることと、良い行いをしてモスクへ行き、喜捨を一銭もせずにお祈りをするのはどっちが良いことですか？』と話しました。当然後者でしょう？『これが仏教の考え方です』。そう言ったらイマームは納得してくれました」

他宗の信者を強制的に自分の宗教に改宗させようとする強引な人は日本にもいるだろうが、他宗教との交流を個人レベルで真剣に実践する人はなかなかいない気がする。話はアニミズム（精霊崇拝）にも及んだ。真如苑の考え方がアフリカの伝統に似ているという。

「真如苑の考え方はアニミズムの伝統に似ています。仏教の基本は融和ですが、アニミズムでも、『他人の神を敬いなさい。そうしないと自分の神を敬えない』と教えるんです。また、アフリカには人の生きる道を諭す呪術師がいます。それと同じように真如苑では、『接心』の実践を通じて、悩みを打ち明けて、仏として生きていく道を教えてくれる『レイノーシャ（霊能者）』がいます。こうした共通点がありますね。ただ、呪術にはお金が必要ですが、接心にはお金は必要ではありません」

「真如苑の接心」と「アフリカの呪術」、「霊能者」と「呪術師」。確かにどちらも捉え方によっては「カウンセリング」で「カウンセラー」のようなものではあるけれど、両者が似ているというのはアフリカ人ならではの比較だ。

――もし真如苑に入っていなかったら人生はどうなっていたと思いますか？

「きっと人生を無駄にしていたでしょうね。他者への思いやりも持つことがなかった。私はもはや以前の私ではない気がします。真如苑に入信した友人はこんなことを言っていました。『なあ、ジャック、仏教に「これをやらなくてはいけない」というような義務があったとしても、俺はきっとその義務以上のことをやるぞ』と。彼は真如苑に入信する前は隣人に挨拶《あいさつ》もしないような人でしたが、入信してからは挨拶をするようになり、隣人との関係も良くなりました。最近彼は病気になったのですが、その時に病院に連れて行ってくれたのはその隣人でした」

そして彼は、「真如苑はアフリカに最後に到来した最新の宗教です」と言い、今後は仏教の精神を内戦に苦しんだ隣国のマリへ伝えていきたいと続ける。
「できることなら真如苑の宣教師としてマリに行きたいです。『私を真如苑の宣教師にして、布教のためマリに行かせてください』と立川の真如苑の国際部にメールをしました。マリのように特に内戦をしている国には仏教の心が足りていないんだと思います。和解をするには仏教の教えが必要です。今の仕事を辞めてもやる価値はあります。私は釈迦の人生と教主様（伊藤真乗）の人生をよく比較します。教主様は安定した仕事を辞めて仏道に入りました。釈迦も王子という立場を捨てて出家しましたね。釈迦も教主様も同じ苦難の人生を歩んだのです。私も同じような道を歩んでいきたいと思っています。フジモトサンがブルキナファソに植えた真如苑の種が育って実を結んだ。それが私達です。今度はその私達がさらに種を植えて育てていかなければいけないんです」

見知らぬ街に引っ越してきてわずか一年足らずで四五人を入信させた彼なら、きっとマリへ行っても大勢の信者を獲得することは間違いないだろう。それに、紛争が落ち着いて心の安定を求めているところに「他者への思いやりと尊敬の仏教です」と布教する。イスラム原理主義武装勢力の災禍に苦しんだマリ人には案外受け入れられやすいかもしれない。

真如苑ボボジュラソ支部

二〇一三年の年末、ボボジュラソへ向かった。ワガドゥグからバスで五時間、バスターミナルに着いて、早速ジャックから教えてもらったボボジュラソの真如苑支部の代表者（ロブエ・ベランジェさん）に電話を入れる。とりあえずボボジュラソに到着したことを伝えようとしただけだったのだが、事務所まで連れて行ってくれるという。アフリカの仏教徒はみな一様に積極的である。ほどなくしてロブエさんが到着。軽く挨拶をして彼のバイクに乗った。

バスターミナルを出て幹線道路を一五分ほど郊外の方向へ走り、未舗装道路へ入った。「地面」というよりも「土漠《どばく》」と言っていいようなざらざらしたむき出しのでこぼこ道に犬、羊、鶏が走り回り、バイクが走った後は土埃がもうもうと舞う。電信柱が全く見えないので夜になると一帯は真っ暗になるだろう。元気に裸足で走り回る子供も服が土埃で真っ黒だ。道路に面した掘っ立て小屋ではロバの肉がぶつ切りで売られ、小屋の中ではにぎやかに「ドロ」と呼ばれる粟《あわ》を使った地ビールが飲み交わされる。貧困のなかにも力強い庶民の営みが感じられる場所だ。

土漠を五分走り抜け、目的地に到着した。

「ここです。着きました。ここが我々のアソシエーション、ASAED（アーゼッド）です。真如苑が支援をしてくれているんです」

ボボジュラソにあるのは真如苑の支部だと思い込んでいたが、どうやらそうではなく、真如苑が財政支援をしているNGOの事務所らしい。なので、真如苑関連の本や冊子は置いてあるものの、集団で勤行をすることはなく、それぞれが自分の家にて個人単位で行っているそうだ。

外の壁には日本人の名前が書かれたプレートがある。これはアソシエーションの設立時に外壁を建設する資金が足りず、例の「フジモトサン」が支援の呼びかけをした時に、それに応じてカンパをして、外壁を作るのを金銭面で協力してくれたJICA関係者の名前だそうだ。

「このプレートを見て、彼らへの感謝を毎日忘れないようにしています。アリガトウ、アリガトウ（日本語で）」

まずこのアソシエーションの活動内容と歴史を詳しく聞いた。

ASAEDは二〇〇五年に設立されたNGOで、経済的にめぐまれない家庭の子どもの就学支援やストリートチルドレン・孤児の保護と社会復帰、職業訓練を主な活動内容としている。二〇〇二年から二〇〇四年まで青年海外協力隊員として社会連帯省

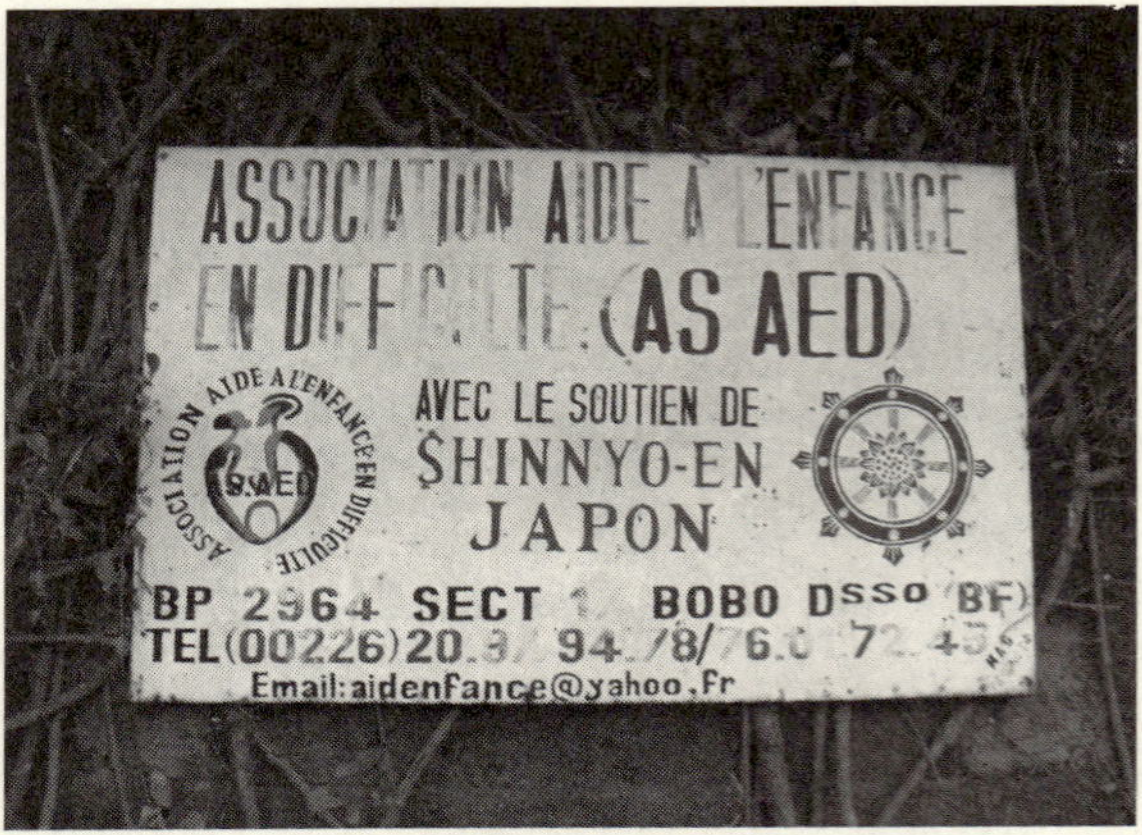

ASAEDの看板。右側に真如苑のマークが見える

アソシエーション設立に尽力した日本人の銘板

の所管NGOで活動した「フジモトサン」が協力隊員としての活動を終えた後も、ストリートチルドレンの支援を継続したいと、日本財団の「夢プロジェクト」助成を受ける形で施設を立ち上げ、二〇〇五年四月にロブエさんを代表としてスタートした。日本財団の助成スキームが三年間で終了した後、二〇〇八年からは真如苑から財政支援を受けている。真如苑のホームページにこんな記事を見つけた。

アフリカの青少年自立を継続的に支援（2013年11月7日）
真如苑は、世界最貧国の一つと言われる西アフリカ・ブルキナファソの青少年の自立を支援するため、今年も二〇〇万円の助成を行いました。支援は、2008年より毎年継続しており、現地NGO AS・AEDと連携して支援活動を続けています。

ブルキナファソで二〇〇万円と言えばずいぶんな大金だが、年間の運営費としてはギリギリの金額のようで、施設はあまり整備されているように見えない。寝室に置かれたマットレスはもう八年換えていないそうで、長年の汗と埃が混じった黒ずみが何とも言えない。本書を読んだ真如苑の国際部担当者が支援金を増額してくれることを望む。

少年院を出た後、親元へ帰れない子供も施設で預かっており、取材時は「石を投げて自分の友人を誤って殺してしまった」という少年がいた。裁判所での審理を終えたが、拘置所には入れられないので、判決が下りるまでここで世話をするという。

「急に親元の村には戻せませんよ。村に戻したらきっと殺された少年の親族が復讐をするでしょう。村に帰ったらきっと殺されます。判決が下りて、彼が罪を償《つぐな》ったら、村へ一緒に行きます。一緒に行って被害者の家族と和解して、上手く村の社会に復帰できるようにします」

アフリカの農村は文字通りムラ社会だ。殺人を犯してしまった少年の社会復帰とは非常に難しい案件だが、「以前こうしたケースを処理したことが二回あります」とのことらしい。

外観を見て、NGOについての一通りの説明を受けた後、話を聞こうと事務室へ入った。少し散らかった事務机には真如苑の冊子が平積みになっている。一冊を取り出し、写真を指さしながら僕に見せた。

「これがキョウシュサマ（教主様、伊藤真乗）。で、これがケイシュサマ（継主様、伊藤真聰）です」

真如苑の小冊子と涅槃像

英語版の真如苑のパンフレット。法衣を身にまとった伊藤真乗と伊藤真聰の写真が見開きで見える。他にも「ニルヴァーナ（涅槃）」という機関誌が何冊かある。こうした冊子は真如苑の国際部が定期的に送ってくれるらしい。本の他にも「セミナーなどがあった時に配ったりする」という小さな涅槃像や阿修羅像等があり、これらは応現院に行った時に持って帰ってきたものだそうだ。

「これはメイド・イン・ブルキナファソです」

「朝夕のおつとめ」というブルキナファソで印刷された冊子もある。「いつまでも立川の本部に頼ってばかりではいけないからね」と自慢げに見せてくれた。

アフリカ人初の真如苑信者

ロブエ・ベランジェさんはコートジボワール出身で、二〇年ほど前からブルキナファソに住んでいる。一二年前にボボジュラソで活動をしていたフジモトサンと知り合い、彼が持参した真如苑の本を読んだのが真如苑との出会いの始まりで、二〇〇七年に真如苑に入信したブルキナファソで初（おそらくアフリカ大陸でも初）の真如苑信者である。二度渡日経験があり、二〇一一年の渡日では応現院での研修（会座）を終え、「ダイジョー（大乗）のレベル（霊位）をもらった」と言う。渡航の費用は「私が払ったわけではありません、それにフジモトサンでもなく、真如苑が支払ったはずです。ジャックの場合もそうですよ。パスポート作成費用も教団持ちです」らしい。以前の宗教はカトリックで、真如苑はほかの宗教を禁止したりしないから今でも教会には行ったりする。

ロブエさんの入信の後、ブルキナファソ真如苑は、地道なお救け（勧誘）活動の結果、信者の合計は一〇四人となり（二〇一三年一二月）、二〇一四年一、二月にはホテル・ダイアナというボボジュラソのホテルで数日にまたがる真如苑恒例の「寒修行」

を開催できるまでになった（参加費は無料）。人集めに苦労はしないかと聞いたところ、「日本人とは違ってアフリカ人は（宗教的な好奇心が旺盛なので）よく集まってくれます」らしい。会場借料等、寒修行の費用は当然真如苑持ちだ。

――ロブエさんが真如苑に入信したのはどうしてですか？

「まず、調和の中でどう生きていくかを真如苑は教えてくれるんですね。それにレイノーシャがいて、自分自身をしっかり認識させてくれるところとか、あとは宗教間の差別をしない。すべての宗教を受け入れてくれるところですね」

「調和」、「霊能者」、「宗教間の融和」が真如苑の魅力だそうだ。そして、「世界平和」、「宗教間の対立」など、クーペラのジャックと共通することを話す。

「今は世界にたくさんの宗教があります。そして、それぞれの宗教が『俺の神は良い』と言って、戦争が起こっているんです。それぞれがそれぞれの宗教を『良い宗教だ』と言っています。こうしたことは乗り越えなければいけません。他者への敬愛が必要です。そのために必要なのがスートラ・ド・ニルバーナ（涅槃経）なのです。教主様が醍醐寺で学んだ教えです。教主様はこの涅槃経が僧の間だけにとどまっているのではなく、一般の人々もしっかり知るべきだと考えました。世界が釈迦が言わんとしていることを理解しなければいけないのです」

そして、創価学会の座談会（第6章参照）で聞いたことと同じようなことを語り出す。「キリスト教は『神様が助けてくれる、神様が助けてくれる』というだけです。自分で何かしようという気がないのです。例えば、『子供が病気になった。ああ、神様助けてください』。こういうわけです。しかし、過去その人が嘘をついたり、盗みを犯したりしたカルマが子供の病気となって出てきているのです。仏教ではそれを神に頼るのではなく、自分で解決しようと考えます。涅槃経によって悪いカルマの連鎖を切らなければいけない。それが真如苑の考えです」

天台宗の五時教判によれば、釈迦が説いた数多い教えのうち、蓮華経《れんげきょう》が最も尊い教えで、次が涅槃経であるとされている。創価学会はその蓮華経を所与の経典としているので、涅槃経を最重要視する真如苑とは教義に違いがあるが、「神に頼ろうとするキリスト教と違って問題を自分で解決しようとする仏教」という結論は同じだ。

――接心修行をやったことはあるのですか？

「ええ、ありますよ。応現院へ行った時にやりました。霊能者にはフランス人やオランダ人、アメリカ人、タイ人、ハワイ人などいろんな国籍の人がいましたね。現在、世界に三〇〇〇人の霊能者がいると言われていますが、残念ながらアフリカにはいません。やはり難しいんですよ。霊位を上げるには接心をやっている国に行かなければいけませんからね」

応現院で受けた接心修行ではフランス人の霊能者が接心をやってくれたらしく、ほか、研修時はフランス語の通訳もいたそうだ。

アフリカには霊能者がいないので接心や研修（会座）のためにはベルギーまで行かなければいけないという。真如苑信者は月に一回は接心を受けるように指導されているらしいが、ブルキナファソの信者にとってはっきり言ってそれは無理だろう。アフリカ人真如苑信者の信心の苦労をよそに日蓮正宗や創価学会は隣のガーナにお寺や会館を持っているが、そのことは何か知っているのだろうか。

――日本には真如苑以外にもいろんな仏教の団体があります。たとえば、有名なものにSGI・創価学会とか、日蓮正宗という団体がありますが、知っていますか？　SGIはブルキナファソにも信者がいます。あと、ガーナには日蓮正宗のお寺もあるんですよ。

「ああ、知っていますよ。『ニチレン・ガッカイ』（ママ）ですね？　日本に行った時に知りました。まあ深く知ったのはつい最近で、二〇一二年にケニアに行く途中でコートジボワールに一週間寄ったのですが、そこでオタスケ（勧誘活動）をしたんですよ。そしたらたまたまそこの人がガッカイでね。いろいろ話をしました。その人に真如苑の教えを教えてあげたら、非常に喜んでいましたよ。興味も持ってくれたので、本を送りました。ガッカイがコートジボワールとガーナに支部を持っているのは知っていましたが、ブルキナファソにもあるんですね。それは初耳です」

つまり、「ブルキナファソ人の真如苑信者がたまたま行ったコートジボワールで真如苑の勧誘をしていたら、たまたまコートジボワール人の創価学会員に遭遇して同じ仏教徒として意気投合した」という話。日本の新宗教はここまでグローバルなのかと改めて驚かされる。

アフリカで初めての真如苑信者としてどのような展望を持っているのか。将来像を聞かせてもらった。

「まず、皆に真如苑の教えを知ってもらいたいですね。入信しなくてもいいからとりあえず知ってほしいです。昔からブルキナファソ人は宗教といえばキリスト教かイスラム教しか知りませんでしたので、違う考え方、違う生き方があるということを知ってほしいです。

もう一つは場所の問題です。今は真如苑の活動をするにしてもこのアーゼッドの事務所をやむなく使用しているという状態なので、宗教活動に専念する場所が欲しいです。本やDVDやCD、プロジェクターなどの備わったしっかりした宗教施設が欲しいです。『お寺』（接心をする施設）だと霊能者がいなければいけないので『お寺』でなくてもいいのですが、『学び舎』のようなものが欲しいですね。市役所で設立の相談をしています。あとは、真如苑のことを教える学校を作れたらいいですね。アフリカでは生まれた家の宗教でそのまま成長するので、他の考えを学ぶ機会がないんです。子供たちが真如苑の教えに触れて育っていければ良いと思います」

たまたま真如苑信者だった「フジモトサン」がたまたま青年海外協力隊に応募して、たまたまブルキナファソに派遣され、そこでたまたま知り合いになったロブエさんとジャックがたまたま真如苑に入信した。こう考えると、現在ブルキナファソに一〇四人の信者がいるという事実は奇跡的な偶然の重なりに思える。

真如苑はこれからもおそらくブルキナファソ国内に限らず、アフリカ全体に徐々に広まっていくだろう。アフリカでは様々な民族が様々な国に入り乱れて生活しているので、親族、友人が外国人というのはごく普通なことだからだ。

ロブエさんは言う。

「真如苑はアフリカで今まさに始まったばかり。私の知る限り、他の国ではガーナに恐らく五人、ケニアに四人がいるだけです」

ふとクーペラのジャックが言った言葉を思い出した。

「フジモトサンがブルキナファソに植えた真如苑の種が育って実を結んだ。それが私達です。今度はその私達がさらに種を植えて育てていかなければいけないんです」

たった一人の人間の一つの行動（勧誘活動）からすべてが始まっていく。なるほど、こうやって宗教は広まっていくのだな。

文庫版追記

なお、本章で紹介したブルキナファソに真如苑を広めた「フジモトサン」には本書の刊行後、立川の真如苑の施設でお会いし、「ご著書読みましたよ」と聞いた。嬉しいことに真如苑内部でも本書が少し話題になったらしい。その際、フジモトサンがまたブルキナファソに出張で滞在した話、ジャックが再度渡日して応現院（真如苑の本部）に参詣した話などを聞いた。僕がブルキナファソにいたのは二〇一四年までだが、それ以後のブルキナファソは、独裁政権が倒れた後、テロやクーデタ、反フランス暴動など、あんなに平和だった状況と打って変わって混沌としている。ジャックは政情不安となって久しい隣国のマリに行って仏教の慈悲と和合の教えを広めたいと言っていたはずだが、今のブルキナファソにこそ、仏教の教えが必要だ。

第4章

崇教真光

「お浄め」をするアフリカ人

椅子に座り対面した二人のアフリカ人がいる。一方が無言のまま目をつむり、もう一方が目をつむった方の眉間《みけん》に二〇センチほどの空間を空け、手のひらをかざしている。手をかざされている方はまったく動かない。サヘルの熱気はじわりじわりと二人の服を蒸らしていく。一〇分ほど経つと、手をかざされていた方が後ろを向き、手をかざす場所が眉間から今度は首筋になった。

部屋の正面の壁には床から二メートルほどの位置に「空っぽの神棚」のようなものが取り付けられ、金のメッキか紙が貼られているように見える。「神棚」の下の床からはまっすぐにコルク地のカーペットが敷かれている。それ以外部屋の中はなにもない。空っぽの部屋で二人のアフリカ人がさっきから微動だにしない。

「今そこでしているのは『オキヨメ』です。光を受け取っているのです」

僕をここに連れてきたマルセルさん（三三歳）は「オキヨメ」と日本語の単語を説明してくれた。いま僕はブルキナファソの首都ワガドゥグにある崇教真光の道場にいる。

崇教真光は「すうきょうまひかり」と読む。一九〇一年生まれの岡田光玉《こうたま》が開祖

「オキヨメ」の様子

（教団は「救い主様」と呼ぶ）で、もともとは世界救世教の布教師だった彼が、一九五九年に「L・H陽光子《ようこうし》友乃《ともの》会《かい》」を創設したのが始まりだ。

崇教真光は「主神（スしん／ぬしがみ）」という創造神を信仰し、「真光《まひかり》の業《わざ》」という行いをベースにした宗教活動を展開している。「真光の業」は教団のホームページによると「手をかざして掌《てのひら》から高次元の神の真の光を放射し、一切を浄め、あらゆる悩みや問題を解決していく業で、『手かざし』または『お浄め』とも言っています」ということだ。アフリカ人に「まひかりのわざ」は発音しづらいのか、ブルキナファソ人は皆「オキヨメ」と呼んでいる。

教団はキリストや釈迦もこの「真光の業」をやったと言い、教団のホームページには「真光の業」は身体的な病気の他にも家庭不和や食品汚染、青少年問題、事業の失敗、さらには交通事故の予防にも効果があり、人類を根本的に救う神業であると謳われている。単なる気功による病気治しではなく、霊による現実世界のあらゆる災い（霊障）そのものを取り除くものなのだ。

開祖の岡田光玉が創設した教団は「世界真光文明教団」といい、その没後に弟子の関口榮《さかえ》が二代目を継承したが、それに異議を唱えた光玉の養女の岡田恵珠《けいしゅ》（教団は「教え主様」と呼ぶ）が一九七八年に「世界真光文明教団」から独立する形で成立したのが本章で扱う「崇教真光」である。

岡田光玉の設立した世界真光文明教団から分かれた宗教団体としては「崇教真光」の他に、「神幽現救世真光教団《しんゆうげんきゅうせいまひかりきょうだん》」や「陽光子友乃会」、「ス光光波世界神団《びかりこうはせかいしんだん》」、「真光正《まひかりせい》法之會《ほうのかい》」などがあり、これらはみな開祖の岡田光玉の没後、弟子によって別々に団体が継承され発展したもので、真光系の教団はこのような分裂が非常に多く、全部まとめて「真光系諸教団」と呼ばれ、宗教学者の島田裕巳《ひろみ》によるとその分裂の様子は「細胞分裂を見ているよう」であるらしい（『日本の10大新宗教』より）。

崇教真光の欧州・アフリカ方面指導部が入るルクセンブルクの古城

「真光」の名前を冠している「世界真光文明教団」も「崇教真光」も「神幽現救世真光教団」も、おなじ「真光」だが、西アフリカで有名なのはなぜか「崇教真光」だけだ。ウィキペディアでも真光系諸教団の中で「崇教真光」だけがフランス語版のページが存在する。

岡田光玉が初めてヨーロッパに巡教に来たのが一九七〇年で、今は崇教真光の欧州・アフリカ方面指導部がルクセンブルクの古城にある。

古城は元々、中世の鍛冶職人から発展したルクセンブルクの名門貴族アンセンブルク伯爵家の居城だったが、一九八〇年代から崇教真光の施設として使われている。はじめは真光がこのお城の一角を間借りしているのかと思っていたが、真光に入信した伯爵がこのお城全体を一九八七年に四〇〇〇万ルクセンブルクフラン（約一億六〇〇〇万円）で崇教真光に売ったらしい。伯爵夫妻は真光に入信したが子息は入信していないそうだ。伯爵はすでに他界したが夫人と子息は存命で、夫人はベルギーに、子息は古城に近い屋敷に住んでいる。

崇教真光が西アフリカで多くの信者を獲得しているという摩訶不思議な事実は、西アフリカに住む日本人、特に大使館関係者にとっては有名だ。なぜならば年に数回、岐阜県の総本山で開催される崇教真光の祭礼に参加するため、査証を大使館に申請しにくるアフリカ人真光信者が毎年大勢いるからだ。

リスナー一億人の国際ラジオで紹介される崇教真光

崇教真光が西アフリカで非常に盛んになっていることについてはフランスの宗教学者の興味をそそるようで、宗教社会学の専門書が刊行されたり、国際ラジオ放送ＲＦＩ（ラジオ・フランス・インターナショナル）で、僕が知っているだけで二〇一四年に二回、二〇一〇年に一回特集されたりしたことがある。

真光の特集を聞いたとき僕はセネガルにいた。ラジオというメディアは、識字率が低く、テレビを買う金銭的余裕のない人が多いアフリカで非常に強いメディアだ。さらにＲＦＩはフランスの国際ラジオだから、グローバルで内容も質が高く、総人口二億二〇〇〇万人と言われるフランス語圏のアフリカ諸国で最もよく聞かれているラジオだといっても言い過ぎではない。そんなラジオで崇教真光が「アフリカを席巻している日本のスピリチュアルムーブメント、崇教真光」として取り上げられたものだから、セネガル人の知人から聞かれたことがあった。

彼は僕のフランス語の家庭教師をしてくれていたイスラム教徒の大学院生だ。敬虔なムスリムである。ＲＦＩの特集を聞いた後、「日本の宗教なのだから日本人に聞けば分かるだろう」といった感じで僕に聞いてきたのだ。

「ねえ、真光って知ってる？」

——え、どうしてそんなこと知ってるの？

「昨日ＲＦＩで聞いたんだ。日本の宗教だって言ってる。だから君なら詳しく知ってると思ってさ、どういうスピリチュアルな思想なのか詳しく教えてくれないか？」

——僕は日本人だけど、よく分からないなあ、真光じゃないから。名前はなんとなく知ってるけど、どういうのとかはよく知らない。

「そうか……日本人だから、君に聞けば分かると思ったんだけどなあ。まあ、確かにそれはそうだな。やっぱり僕はいろんな宗教に興味があるからさ。いろんな宗教の教えを知りたいんだよ」

「宗教に興味がある」という言葉は日本で聞くと「怪しい新興宗教に入会しそうな人」を指し、「そんなヘンなことに興味を持つのはやめなさい」となる気がするが、むしろアフリカでは「宗教に興味がある」というと、正反対に「哲学的で真面目な真実を追い求めている人」みたいな意味で、「不信心者はその敬虔さを見習いなさい」となる気がする。

RFIでは真光を「セクト（カルト宗教）」だとは言っていなかった。むしろ「カトリックの信仰を保ったまま入会できる」や、「心を清める」、「マヒカリとは『真実の無垢な光』の意味」などと話され、東洋発の新しい精神運動を紹介している印象を受けた。また「創設者が由緒あるサムライの家柄」とも話されており、もしかしたら、アフリカ人には古代インドで王子だったが出家して悟りを開いた仏教の開祖・釈迦を連想させたかもしれない。なぜならアフリカ人にとってはインドもチベットも日本も中国も大して変わらないからだ。僕はアフリカ人から「カラテは日本だよね？　で、ヨガも日本だっけ？」また、「カトリックの世界の代表はローマ法王で、仏教の世界の代表はダライ・ラマだよね？」とか聞かれたことがある。

真光のアフリカ的な魅力

さて、フランス語圏西アフリカ全般で盛んな真光だが、最も盛んなのはブルキナファソの南隣に位置するコートジボワールだ。

コートジボワールに初めて真光が伝わったのは今から約四〇年前の一九七五年。たまたま家族の仕事の都合でアビジャンへ移住したフランス人女性信者がアフリカ初の初級研修を開催したのが始まりだ。初回の参加者は二四人だったという。現在コートジボワールでは政治家をはじめ、銀行役員、企業経営者、学校教師、大学教授、エンジニア、警官、公務員、官僚、外交官など、研修や儀式にかかる費用が高額なので信者は社会的地位の高い人が多いらしい。確かに僕がブルキナファソで出会った真光信者にもＵＥＭＯＡ（西アフリカ経済通貨同盟）銀行職員や大学教授がいた。初回に二四人だったコートジボワールの真光信者は今では二〇〇〇人を超えた。

ではなぜ崇教真光はこんなにコートジボワールの人々の心を捉えているのだろうか。晃洋《こうよう》書房発刊の『スピリチュアル・アフリカ』から宗教学者の樫尾《かしお》直樹の論文を基に、僕の考えも踏まえながら以下考察する。

まず、真光の信者は霊的に自分を守るため「御《お》み霊《たま》」と呼ばれる「お守り」のようなものを身に付けるが、これが西アフリカのスピリチュアルな伝統に合致していることが挙げられる。

西アフリカ（といっても非常に多様なのだが）には時に「原始宗教」といった言葉で表現されるようなアニミズム・精霊信仰の伝統があり、動物の皮や毛でできたグリグリ（フランス語でフェティッシュとも呼ばれる）という「お守り」状のものを護符にしたり、家を悪霊から守るために家の一角に祠《ほこら》を建てたり、日本の「お守り」や「神棚」に似ている風習がある。セネガルで盛んなセネガル相撲では力士が動物の皮で作ったグリグリをひもで体に巻きつけて試合に臨《のぞ》むし、ブルキナファソでも同じようなグリグリが売られている。こうした護符、呪物を使用する精霊信仰の伝統が西アフリカ人の信仰のベースにあるので、「御み霊」を持つ真光がすんなりと受け入れられやすかったと言うことができる。

この真光の御み霊は、東洋から来たスピリチュアルなパワーが非常に強い呪物であると考えられており、コートジボワールでは伝統宗教の呪術師がこの御み霊を手に入れて自分の呪術に用いようと、年に数回行われる真光の研修に参加するという。彼らが研修が終わった後に道場を訪れることはないそうだ。

日本の「お守り」をアフリカの呪術師が使うというのは一見奇妙に見えるが、他の

呪術師の庭に乱立する土の人形、ブルキナファソ西部ガウア市にて

宗教で使用されている要素を自分たちの信仰の要素として取り入れるというのは、そう珍しいことでもない。例えばコートジボワールの隣のベナンで盛んなブードゥー教もキリスト教の要素を土着の呪術や精霊信仰に取り入れたものだし、またブラジルの黒人宗教文化であるマクンバもキリスト教と呪術、アニミズムの融合である。「霊的にパワーがありそうなものはとりあえずやっておく」というご利益信仰的な考えがそこにはある。

また、日本人は一般的に、初詣で神社に行ったり、教会で結婚式をあげたり、葬式は仏式でお経をあげたりと、非常に宗教的なフレキシブルさを持っており、この日本人の宗教的なフレキシブルさの起源は「万物に神が宿る」とするアニミズムとしての神道であると言えるだろう。この神道・日本人の宗教観をベースにした真光もそういった宗教的寛容性を保持しており、信者にキリスト教やイスラム教など、西アフリカで主流の他の宗教の信仰実践を妨げていない。こうした宗教的寛容さも真光が受け入れられた理由の一つだろう。今までの信仰を捨てずに、まずは趣味感覚で始められるのは気が楽だ。元はヒンズー教の修行法であるヨガが日本では単なる健康法として受け入れられているのと同じである。

また、真光は「キリストも真光の業をやった」と主張しているように、宗教は一つであるという万教帰一主義を採っており、キリストもムハンマドも真光にとっての聖者なのだから、キリスト教徒やイスラム教徒であると同時に真光信者であることは本質的になんの問題もない。

しかしながら当のキリスト教のほうはそんな真光のフレキシブルさを受け入れてくれるはずはないので、「キリストも真光の業をやった」わけがないだろうと反発しており、真光の「御み霊」はアニミズムの呪物（フェティッシュ）の一種であるとして、御み霊を燃やしたりすることがあるそうだ。

日本の神道は、先進国の主要な宗教文化になったという意味で世界的に非常に稀有なアニミズム・多神教の一種である。真光はそれをベースにし、キリスト教の聖書やイスラム教のコーランと同じような定まった経典「御聖言」と実益的な宗教実践「手かざし」を持つにいたった。

外来宗教であるキリスト教やイスラム教は教義がしっかり定まって「人間が生きていくための正しい教え」として非常に洗練されているが、西アフリカ伝統のアニミズム・精霊信仰にはある祖先崇拝や呪物（お守り）の考え方が存在せず、呪術的要素もさほどない。他方、西アフリカ伝統のアニミズム・精霊信仰は教義が定まっておらず、あまり洗練されていない。

こうした西アフリカ人のスピリチュアルなニッチを埋めたのが神道というアニミズムをベースにし、経典を持つまでに発展し、さらにキリスト教やイスラム教を統合する万教帰一主義的価値観を持っている「真光」だったのである。

さて、日本発祥の新宗教で西アフリカを席巻している崇教真光。ここまで客観的な事実関係を述べてきたが、実際のところはどうなのだろうか？　さっそく、ブルキナファソの真光道場に行ってみた。

「宗教施設」ではなく「道場」

二〇〇九年に設立された崇教真光ブルキナファソ道場は首都ワガドゥグを東西に横断する道路とシャルル・ド・ゴール通りの交差する丁字路《ていじろ》から近い。丁字路に面した小児科大病院から小脇に入った未舗装道路の中にある。

道場は「SUKYO　MAHIKARI」との看板がなければただの普通の家である。門を開けると物置のそばに打ち捨てられた真光のカレンダーが見える。道場は窓が大きく、外からでも部屋の中が見渡せる。中では数人の男女が「オキヨメ／お浄め」をしている最中だ。

日本人はおろか他のアジア人だってめったにいないアフリカの国で、日本発祥の新宗教の宗教施設に日本人が自らの意思でやって来たのだから、きっと諸手を挙げて歓待されるだろうと思っていたけれど、道場に集っているアフリカ人真光信者からは「ボンソワール」と挨拶されるだけでたいして興味を持たれない。一人だけ「コンバンワ」と日本語で言ってきた人がいたが、あまりに自然すぎる対応にやや驚いた。「日本人だから」という理由だけで歓待されるのかと思ったが、ぜんぜん違う。そういえば僕を道場に連れてきたマルセルさんも待ち合わせの時に、「あなたはどこの国

崇教真光ワガドゥグ支部

の方ですか？　韓国人ですか？」と言ってきた。もしかしたら、彼らの僕に対する無関心は、それほどまでに日本人の存在が彼らにとって一般的であり、また、真光を単なる「日本の新宗教」としてではなく、キリスト教やイスラム教と同様の普遍性を持った世界宗教として、外来の借り物の宗教ではない、彼ら自身の宗教として捉えている証拠かもしれない。例えば敬虔なカトリック教徒の日本人が、ただのローマ出身の陽気なイタリア人に会っただけでさして感動することはないように。

受付カウンターを右に入ると道場だ。道場は二〇畳ほどの部屋で畳やフローリングが敷かれているわけではないが、靴を脱いで入らなければならない。

「せっかく来ていただいたのに残念ながらもうそろそろ道場は終わりです。まず終わりの儀式をしなければなりませんので、少々お待ちください。その後で説明をします」

コートジボワール出身の道場責任者ビレ氏は申し訳なさそうにそう言うと、椅子を出して僕に儀式に参列するよう促した。

空っぽだが金ぴかの神棚に正対する形で椅子を並べおもむろに儀式が始まった。真光の主神「御《み》親元主《おやもとす》真光大御《まひかりおおみ》神《かみ》」に祈りをささげ、「天津祈言」という祝詞《のりと》を唱える。参加人数は一〇人ほどで、日本人は僕だけ、ヨーロッパ人もいない。全員がアフリカ人である。儀式は日本だったらきっと畳に正座をしてやるような雰囲気で、祝詞を唱える人に先導されて参列者が柏手を打つ。祝詞はフランス語に訳したものを唱えるのかと思いきや、驚いたことに日本語だった。

儀式中に参列者一人が神棚の前に歩み出て柏手を打つ場面に遭遇する。所作が決められているのだろうか、ぎこちなく直角に歩いて移動する様はまるでお祓いをする時の神社の神主のようだ。

「かしこみかしこみもうす……」

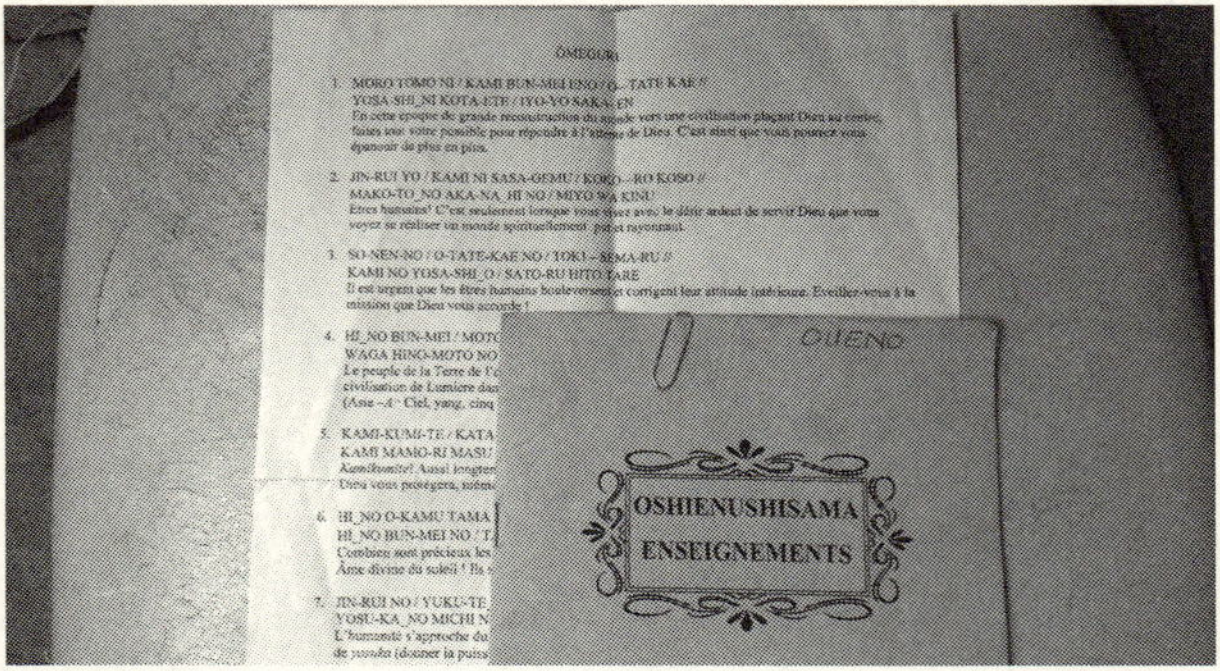

崇教真光の祝詞（仏語版）

儀式の先導者が、高く絞った声で声帯を震わせ、神社のお祓いでよく耳にするおなじみのフレーズを唱えた。これをまさかアフリカでアフリカ人の口から聞くことになろうとは思いもしなかった。しかし考えてみれば、カトリック教会では、アフリカでも日本でもどこだって典礼語としてラテン語で儀式をしたりすることがあるのだから、アフリカでアフリカ人が古文調の日本語で祝詞を唱えたとして何がおかしかろう。儀式は数種類の祝詞を唱え、目をつむりながらフランス語で祈りの言葉を唱え、最後に連絡事項を告げて終わった。

「ウエノさん、道場が空きましたので、オキヨメをしますよ。こちらへどうぞ」

少し不安に感じたが、いまさら断りづらかったので「オキヨメ」をしてもらうことにした。

「オキヨメ」というのだから神社のお祓いとたいして変わらないだろう。

ビレさんと一緒に神棚に正対して二人で柏手を打ってお辞儀をする。

「では、ウエノさん。今から私が『神の光を受け入れたいですか?』と聞くので、『はい』と言ってください」

——はい。

椅子に座った姿勢が終わると、今度はうつ伏せに寝かせられ、腰のあたりから背中に手をかざされる。結局神棚にお辞儀をしてからうつ伏せの手かざしが終わるまで四〇分くらいかかった。「オキヨメ」が終わるとビレさんが真光についていろいろ話してくれると言うので、質問をした。

——この道場は何年前からあるんですか?

「ブルキナファソでは二〇〇九年からこの道場を開いて活動をしています」

——オキヨメとはなんですか?

「ピュリファイすることです。体が汚れたら体を洗いますね。では心が汚れたらどうしますか? 体を洗うのと同様に心も魂も洗わなければいけない。これを『オキヨメ』と呼ぶのです」

この会話は妙におかしい。なぜなら、「『オキヨメ』とはなんですか?」と日本語の意味を聞くのが日本人で、それに「ピュリファイです」とフランス語で答えるのがアフリカ人だからだ。

「マヒカリではミサのようなことはしていません。月に一回だけ感謝のセレモニーがあるだけです。また、道場とは関係ありませんが、『緑の大壁』運動としてアフリカを横断するサヘル緑化の活動をしています。先週はカヤ（ブルキナファソ中北部）でやりました。来月はセネガルで実施する予定です」

崇教真光がなぜかアフリカで砂漠の緑化事業をやっている。道場の玄関わきの掲示板にセネガルでの植林イベントの予定表が貼ってある。ダカールの有名スタジアムで開幕式があり、そこからバスで現場まで向かうらしい。ずいぶん大掛かりなイベントだ。崇教真光アフリカ支部のフェイスブックのアカウントにもイベント情報としてアップされている。

――ミサみたいなことはしていないということは、毎日ここで、『オキヨメ』をしているだけなのですか？

「ええ、基本的にはそうです。毎日ここで『オキヨメ』をしているだけです。土・日・祝日関係なく、毎日九時から一九時まで『オキヨメ』をしています」

毎日「オキヨメ（真光の業）」をしているだけ……宗教行事としては少しものたり

ない気がした。

しかし、この「ものたりなさ」も、深く考えてみれば真光が自分たちの宗教施設を「道場」と呼んでいる理由がわかるだろう。「道場」という言葉の意味を考えてみれば、「毎日オキヨメをしているだけ」というのはさりとて不思議なことではない。懺悔《ざんげ》したり祈ったりして自分の信仰心を露わにする場が教会やモスクならば、肉体的な力や精神的な力を実践、錬成《れんせい》する場が「道場」だからだ。アフリカ人が寝そべって手のひらを額や背中にかざされている場面だけを見れば「宗教施設」だという気はさほどしない。「道場」という名前がぴったりだ。

道場では隔日で「オキヨメ当番」のシフトが組まれ、いつ来ても誰かが来場者にオキヨメを施すことができる体制になっている。

「ただ、ここ（ブルキナファソ）のドージョーでは研修は受けられません。ただオキヨメをするだけですね。このへん（西アフリカ）で研修を受けたいのであればアビジャンに行くことになります。ウエノさんはコートジボワールに来る予定はありますか？　興味がありましたらぜひ研修を受けに来てください。私は今週一週間だけブルキナファソにいますが、来週にはコートジボワールに帰ります」

――いや、仮に僕が研修を受けるとしても、僕は日本人だから、日本でやりますよ。本部

は岐阜ですが、東京にもありますよね?

「ええ、そうです。では休暇で日本に行くのなら、教えてください。東京の道場を紹介してあげましょう」

ツキナミサイ(月次祭)に参加

ある土曜日の夕方、翌日に「神様への感謝のセレモニー」である「ツキナミサイ(月次祭)」があると誘われた。今日はその前日なので「ゴホウシ(御奉仕)」という大掃除をやらなければならないらしく、僕も掃除に参加した。座布団のカバーを外す作業をしていると、ある男性信者からなぜか「おめでとう」と言われた。ただ掃除しているだけなのになぜ「おめでとう」なのかを聞くと「君はいまゴホウシをしているからだ」と言われた。つまり、「神様にゴホウシすることはめでたいこと」なのかと納得した。

「日本は本当に素晴らしい。日本人はみんな丁寧で、とても静かだ。ここ(ブルキナファソ)はとても騒々しい」

僕に「おめでとう」と言ってきた男性はゴホウシ(掃除)が終わった後、そう言って僕に携帯電話の画面を見せてきた。液晶画面に映るのは岐阜にある崇教真光の総本山だ。

「これはタカヤマ（飛騨高山）だよ。日本の真光の道場だ。この写真は私がタカヤマへ行ったときに自分で撮ったんだよ。去年の一二月だね。この日は世界中からいろんな人がやってくる。真光の創立記念日だ」

幸せそうだ。しかし日本への渡航費用を工面するだけで大変な苦労をしたことだろう。ブルキナファソから日本へ行こうとすると滞在費合わせて少なくとも三〇万円くらいはするだろうから、普通のブルキナ人はなかなか買えない。とても「お伊勢参り」のように簡単にはいかない。いったいどんな思いでお金を貯めたのだろう。日本へ行ったときの話を本当に嬉しそうに話してくれるのは、崇教真光でも真如苑でも創価学会でも、そしてラエリアン・ムーブメントでもまったく同じだ。彼らにとって日本はイスラム教徒にとってのメッカ、カトリック教徒にとってのバチカンに匹敵するような聖地なのだろう。

ツキナミサイ当日。ツキナミサイは月に一回のセレモニーなので、何か特別なイベントがあるのだろうと期待していたが、先に書いた道場の終了の儀式とあまり変わりはなかった。静かに神棚に正対して座り、日本語の祝詞を皆で詠《よ》んだり、黙とうしてフランス語で祈りの言葉を言ったりするだけだ。アフリカ人が日本語の祝詞を唱える姿は何度見ても興味深い。

最後に真光の経典の一節を百人一首のような抑揚をつけて皆で謡《うた》った。毎回のツキナミサイで経典の異なる節を抜粋して皆で謡うようだ。謡う一節は事前にプリントが配られている。今回配られたプリントには「人類の、神に捧げむ心こそ……」という文語体の日本語の詩がローマ字表記で書かれ、ローマ字の下にはフランス語で訳が書かれている。

事務的な連絡事項を告げて儀式は終わった。今日の連絡事項は「道場でプリンターを一台買うための寄付の受付」だった。

道場を出たところにいた一人の信者（ベンジャミンさん）に話しかけた。

——あなたはもう真光に入信してるんですか？

「はい、入信してますよ。二〇一二年からですね」

——確かコートジボワールでしか入信の儀式はできないんですよね。コートジボワールまで行かれたのですか？

「いや、コートジボワールでしかできないわけじゃないですよ。セネガルやモロッコでも入信儀式はできます。私はコートジボワールのアビジャンで受けました。

私はトーゴ人ですが、三年前からブルキナファソに移住しています。ブルキナファソに来て初めて真光を知りました。トーゴにも真光はあるそうですが、向こうにいた時は知りませんでしたね。私は兄の紹介で入信しました。真光に入る前はカトリックでした」

――真光は別に他の宗教を禁止しないですよね？　なので、今でも教会に行ったりしてるのですか？

「ええ、行きますよ。ただ、真光はカトリックよりも、なんというか教えが明快なんですよ。神の光を受け取って、精神を浄化して。カトリックにはよく分からないものがあるけれど、真光はそれがないんです」

――最初に真光に来た時はどうでした？「オキヨメ」とか、日本語の祝詞とか、びっくりしたというか、よく分からなかったでしょう？

「もちろん最初はびっくりしましたし、当然信じませんでしたよ（笑）。でも、いろいろと話を聞いたり、本を読んだり、オキヨメを実践するうちに分かってきて、信じるようになりました。真光に出会って、そこで神の光を受け取る前はいろんな心配があったんですが、光を受け取るのを始めてからは心配や悩みや不安がなくなっていきましたね」

――真光に入って心の不安がなくなったということは、つまりカトリック教会に欠けていたものが真光にはあったということになりますね。例えばカトリックよりも真光が良いというのはどういう点ですか？

「例えば、私のいたところのカトリックでは『先祖の祠』の前で鶏や七面鳥を殺して地面に血を吸わせる儀式をするんですが、私はそういう血を見る儀式が嫌でした。そういう生贄《いけにえ》のようなものが真光にはないんです。『先祖の祠』ですか？　『先祖の祠』というのは、私の民族の伝統的な祖先供養で、遺体を納めるお墓とは別に家の傍に建てる小屋のことを言います。いずれにせよ、真光のほうが、カトリックよりも教えが洗練されていて明確なんです」（おそらくカトリックというより、「ブードゥー教」の実践を述べていると思われる）

教えが洗練されていて明確……「形骸化した伝統宗教に対する新宗教」という構図が、ここアフリカでもあらわにされている。

コートジボワールの内戦と崇教真光

崇教真光のブルキナファソへの伝播には、ブルキナファソを含む西アフリカの微妙な国際関係が作用しているかもしれない――ふとそんな気がしたのはこの人に出会ったからだ。

ママドゥさん、六〇歳。コートジボワール生まれのブルキナファソ人で、一〇年程前からブルキナファソに帰国し、今は隔日でワガドゥグの道場の「オキヨメ当番」をしている。

「ママドゥ」という名前だから元イスラム教徒だと思いきや、真光に入る前はカトリックだったらしい。コートジボワールに移住していたブルキナファソ人の両親から生まれた。真光は一九七八年から信仰しているとのことで、もう入信歴三五年だ。「職場の同僚に勧められてオキヨメを受けた」のが真光との出会いで、最初は信じていなかったが、ある日、手をかざされた箇所に「火の玉が当てられているような熱く燃えるような感じ」がして体の悪い個所も徐々に治っていったことがきっかけで入信した。僕にオキヨメをしながら「真光に入ってから怒ったりすることがなくなった。ス神のおかげで自分をコントロールすることができるんだ」と言う。オキヨメが終わった後に話を聞いてみた。

——ママドゥさんは真光に勤めているんですか？

「いやいや、違うよ。鉄道会社に勤めている。真光に入信した時からずっと鉄道会社で働いているよ。私を真光に連れてきたのも鉄道会社の同僚だった。二〇〇二年から二〇〇四年まではコートジボワールで内戦があって仕事がなかったな。あの時は大変だったよ。二年間無職だった。内戦が落ち着いた二〇〇四年からやっと仕事ができるようになって、ブルキナファソに転勤してきたんだ。別に内戦だからという理由で宗教活動が困ったりはしなかったけど、ただ、やっぱり外出も満足にできなかったから、そういう意味で道場に通いづらかったのはあったな」

「西アフリカのマンハッタン」、コートジボワールの首都アビジャンは、高層ビルが立ち並ぶ様からそんな異名で呼ばれる仏語圏西アフリカで最も発展した大都市（熱帯の国なのにアイススケートリンクまで存在した）で、職を求め近隣諸国から出稼ぎに来ている人がとても多い。一九九八年の統計ではコートジボワールの住民の四人に一人が外国人だったほどである。六〇、七〇年代に「象牙の奇跡」と言われた経済成長を支えたのが、その移民たちの労働力だった。しかし九〇年代に、独立以来、開発独裁で国を率いてきた初代大統領のフェリックス・ウフエ・ボワニが亡くなると、にわかに政治が混乱していく。

ボワニ大統領の後を継いだベディエ大統領は「イボワリテ（コートジボワールであること、コートジボワール主義）」という概念をもって、就任後初の大統領選挙時に実は父親がブルキナファソ人と噂される政敵のウワタラ元首相（現大統領）を排除した。さらに「イボワリテ」は今までの国の発展を支えてきた外国人労働者の排斥に繋がり、一九九八年の一次産品の国際価格の下落による経済の悪化と相まって、一九九九年には軍のクーデタが発生した。

ブルキナファソとコートジボワールの国境はフランス植民地政府が勝手に引いただけで、両国にも同じ民族が混住しているのに、片方の国では「外国人」と呼ばれ「イボワリテ」という人為的な概念で排斥される対象になってしまったのだ。ここにもかつての植民地政策の暗い歴史が混乱の根を張っている。

このように中央政府がもめているところ、二〇〇二年には軍の一部が政府に反乱を起こし、反乱軍が北部を支配下におさめ、「南北戦争」に発展し、政治的混乱が軍事的混乱に発展した。さらにはフランスが国連安保理決議に基づき派兵したはいいものの、政府軍の「誤爆」が原因で政府軍とフランス軍の衝突まで始まり、それに怒ったアビジャン市民が在留フランス人・フランス系企業に対する襲撃を始め、アビジャン在住の外国人（欧米人）約一万人がわずか一週間のうちに国外に退避するなど、「西アフリカのマンハッタン」が大混乱に陥ってしまった。

こうした混乱を避けてコートジボワールに出稼ぎしていたブルキナファソ出身者たちのなかから、祖国へ引き揚げる人が多く出た。ママドゥさんもその一人である。そしてその引揚者の中にはコートジボワール在住中に真光に入信した人もいて、祖国へ戻った後も真光の信仰を守りながら周囲にその裾野を広げていった。ブルキナファソだけではなく、ベナンやトーゴもきっとその例に漏れない。

このように、九〇年代以降のコートジボワールと周辺国の微妙な国際関係が、七〇年代から根付いているコートジボワールの崇教真光が周辺国に拡散していくのに一役買ったと言えるだろう。中国北部の食文化である肉まんや餃子が、戦後、満州からの引揚者に持ち帰られ、今の日本で広く一般的に食べられているのと同じことだ。

「家族がいたから私は二段階目（のイニシエーション）までで止まっている。三段階目に行くためには日本に行かなきゃいけないだろ。家族を養わなければいけなかったからそれどころじゃなかったよ。まあ、もっとも二人の子供は真光をまだ続けているが、妻は真光をやめてカトリックの教会に行ってしまったけれどね。妻の友人がそうさせたんだよ」

――やはり難しいですよね。三段階目は日本まで行かなければいけませんから。飛行機代も高いし、滞在費も馬鹿にならないでしょう?

「でもね。この道場にもしょっちゅう日本に行く人がいるよ。ここ（ブルキナファソの道場）のアビジャンから来ている責任者なんか、数か月に一回は日本に行っているんじゃないかな。たしか来月も行くはずだよ。彼は責任者だから教団が渡航費用を出すんだ。いま我々ががんばってやろうとしているのは道場の整備なんだ。ここの道場は神棚が空っぽだろ？　本当はあそこに『ゴシンタイ』を置かなきゃいけないんだ。それを頑張って置こうとしている」

――やはり何かを置くのですね。日本語であれはカミダナと言うのですが、普通日本ではあそこになにか神様の名前を紙に書いたものとかを置きます。この道場に来た時からずっと空っぽだったので、真光の神棚はなにも置かないのかなと思っていました。

「いやいや、違う違う。本当はゴシンタイがなきゃいけないんだ。ただね、ゴシンタイを置くためにはここの道場がもっとしっかりしたものにならなきゃいけない。常駐の職員がいなきゃいけないし、道場自体がもっとちゃんと整備されなきゃいけない。ブルキナファソでもちゃんと法人格は取ってるし、宗教法人で政府に届け出はできてるんだが、まだまだゴシンタイを置くには至ってないな。やっぱりアビジャンみたいにならなきゃ」

ママドゥさんは席を立つと別の部屋からアビジャンの大道場の写真を持ってきた。

「これがアビジャンのダイドージョーだ。どうだい、すごく綺麗だろう。いつだったか忘れたけど、最近建てられた新築だよ。設計は最新の技術で、建築材はヨーロッパから取り寄せている。ここは日本人の常駐職員もいる。フランス語ができる日本人はあんまりいないけれど、その代わりにコートジボワール人で日本語ができる人がいっぱいいる。なぜかというと日本で研修を受けるからね。アビジャンの代表はフランス人だけど、日本で上級研修を受けたからもちろん日本語ができる」

西アフリカ、コートジボワールの首都アビジャン。普通の日本人の全く知らないところで、新宗教を通じてこんなに日本と深いつながりのあるアフリカ人が大勢いる。

「ところで、君は日本で光は受け取った（真光の業を受けた）ことはあるのかい？」

――ないです。というのも、真光のことをちゃんと知ったのがアフリカに来てからなので。

「そうかそうか……」

日本人が「アフリカに来てから真光を知った」というのが嬉しいのだろうか、ダイドージョーの写真に視線を落とし、不思議な笑顔を浮かべてママドゥさんはこう続けた。

「ぜひ一回アビジャンのダイドージョーに行ってみたらいい。信者じゃなくても大丈夫。もちろん、真光は誰が来たってウェルカムだ」

そこで崇教真光のアビジャン大道場に行くため、コートジボワールに行ってみた。

「アビジャン・ダイドージョー」

二〇一四年一月、アビジャンに着いた。空港を出た途端ムワッとした湿気がシャツを通して皮膚にあたる。同じ時期のブルキナファソでは考えられない湿気だ。冬は極端に乾燥するブルキナファソは朝晩、防寒着が必要になるくらい体感温度が冷え込むが、コートジボワールでは湿気のせいで朝も晩もずいぶん蒸し暑い。同じ西アフリカといってもサヘルのブルキナファソとは気候が全く違う。

僕が来た時はちょうど安倍晋三首相（当時）がコートジボワールを来訪するタイミングだったので、街中いたるところに日本の国旗が立てられていた。日本の総理大臣がコートジボワールに来るのは史上初。安倍首相が「伸びるアフリカに投資すべきは今！」と前年のアフリカ開発会議（TICAD）で叫んだスローガンへのフォローアップだが、崇教真光にしてみたら「うちは三〇年以上前からアフリカに投資（布教）していますよ」となる。

大道場へはタクシーで向かう。三台目になってようやく真光を知るタクシードライバーにあたった。そして、ブルキナファソの道場で知り合ったアビジャン在住の真光信者ビレさんに電話をし、道場で落ち合うことにした。

崇教真光アビジャン大道場入口

アビジャン市ドゥ・プラトー地区ラトリーユ通り。崇教真光のアビジャン大道場が建つこの道は、安倍首相も車で通った道だ。色あせたアビジャンの風景に似つかわしくない壮麗な大理石はとても目立つ。鮮やかに縁どられた緑色の大理石の表面に金色で書かれた「ＳＵＫＹＯ　ＭＡＨＩＫＡＲＩ」の文字は、きっと道路を通り過ぎた安倍首相の視界に入ったのは間違いない。

崇教真光は安倍政権を支援する日本会議の中核で、自民党の国会議員が行事に来賓で招待されることもよくある。車中の安倍総理は果たして真光の看板に気付いただろうか。（文庫版注：なお、二〇一六年にアビジャン大道場に再訪し

た際、この看板は自動車の衝突事故が起こったらしく撤去されていた）

タクシーを降りて敷地内に入ると、簡素ながら壮麗な大理石製の崇教真光アビジャン大道場が現れた。本館の隣には同程度の大きさの別館もあり、その前には五〇メートルプールが数個入るくらいの庭園が広がっている。「アビジャンの道場は次元が違う」とブルキナファソ人真光信者から聞かされていたが、予想以上の規模とクオリティである。本館から庭園まで全て含めると、東京都心の小さめの私立大学ほどの敷地になるだろう。庭も芝生がきれいに刈り取られ、敷石の隙間の雑草もあまりなく、しっかりと整備されている。

建物内は土足厳禁。車寄せで靴を脱ぎ中に入った。左手にはホテルの受付のようなカウンターがあり、来訪者の情報を管理する用紙が病院のカルテのようにカウンター上に据え付けられた棚の中に入れこまれている。吹き抜けになったロビーの天井にはシャンデリアがぶら下がり、正面には二階へ登る大階段がある。何かの講演をしているのだろうか、マイクの音声が階段の上から聞こえる。下を見ると大理石の床が広がって、階段の両脇には回廊が奥まで進んでいる。さらに玄関わきには装飾されたクリスマスツリーが見えた。規模は小さいものの、まるで高級ホテルのロビーだ。そんじょそこらのアビジャンのホテルよりも豪華で清潔だと思う。少なくとも僕がアビジャ

大道場の外観

ン滞在中に宿泊した一泊一万円のホテルよりはるかに豪華だし、僕の住むブルキナファソにはこれに匹敵するクオリティのロビーを持つホテルは片手で数えられるくらいしかない。

本館と別館の間にあるカフェテラスのようなスペースに通してくれた。外には「SUKYO　MAHIKARI」と書かれたワゴン車が停めてある。「ちょっと待っててください」と言い残して職員は本館へ入り、少し待っているいると僕と同年代くらいの日本人女性を伴って現れた。

「どうも、こんにちは〜」

——どうもこんにちは、初めまして。

すみません、急に来まして。

「いやあ、日本の方が来られるだなんてめったにないんで、びっくりしましたよ。真光の関係者じゃない一般の日本人なんて普通来ないんで（笑）」

——そうでしょうね（笑）。それにしても、ここに来てみてびっくりしました。想像以上にすごいですね。アビジャンのその辺のホテルなんかより全然豪華じゃないですか、驚きましたよ。

「ええ、そうですよね。私もここに来て本当にびっくりしました。日本よりもこっちの道場の方が全然すごいですよ」

日本でもこれに匹敵する道場はなかなかないようだ。彼女は一年前から赴任した唯一の日本人職員で、その前も現地人と結婚した年配の日本人が一人いただけだそうだ。世間話をして、「じゃあちょっと案内しましょうか」と親切に本館の中を案内してくれることになった。

本館へ戻り、シャンデリアのぶら下がる吹き抜けを二階へ登ってお浄めをする大部屋「ゴシンゼン（御神前）」へ案内された。アフリカでは珍しい床のシンプルなフローリングがとても清潔だ。

「今日はセミナーに使われていますが、普段はここでお浄めをします。ここはフローリングですが日本だと畳ですね」

正面の神棚には「御親元主真光大御神」の掛け書に並び大黒天（オオクニヌシノミコトと同一視されている）の像が置かれ、それに正対する形で一〇〇脚以上の椅子が並べられている。部屋全体ではおそらく二〇〇人以上は収容可能だろう。神棚の両側にはテレビ二台とスクリーンが備わり、後ろの人も神棚の前で行われる儀式を見ることができるようになっており、左後方にはガラス張りでテレビモニター付きの音響ブース（こんなものアフリカで初めて見た）がある。

彼女は僕にお浄めを受けるように勧め、小部屋に案内すると、にこやかに「今日からここ（道場）で日本語教室をするんですよ。日本語を習いたいっていう人が多いんで」と言って立ち去った。手かざしをしてくれるのは付き添っていたコートジボワール人の男性職員だ。手かざしを受けている間にいろいろと喋る。手かざしは無言で集中してやるものだと思っていたのだが、アフリカ人真光信者を観察するに、どうやらぺちゃくちゃおしゃべりしながらやってもいいらしい。

「昨日から日本の首相がいらしているでしょう」

——ええ、テレビでたくさんやってましたもんね。でも昨日着いて、もう出発してしまいましたよ。ここの前の道を車列が通ったみたいなんですが、見ましたか？

「ええ、見ましたよ。でもたくさん車があったのでどれが総理の車なのだとか分からなかったです。それに真光青年隊も皆で日本国旗を持って空港へ総理をお迎えしに行きました。ベレー帽と緑のブレザー(真光青年隊のユニフォーム)を着てね。私も行きたかったんですが、ちょっと都合が悪くて行けませんでした。残念です」

安倍首相の到着に際し、信者を「動員」してくれたという。さすが自民党支持の真光だけはある。自民党には真光の支援で当選した議員もいる。安倍首相のコートジボワール訪問を機に真光信者(を含めコートジボワール人全体)がますます日本を好きになってくれればそれは喜ぶべきことだ。

「えっと確か安倍首相も真光の信者の方なんですよね? 私はそう聞きましたが」

――いや……日本で崇教真光が自民党を支持しているのは確かですが、安倍首相個人が信者ではないと思いますよ。

「そうですか、私はそう聞いたんですがね。ま、後で今日空港へ行った真光隊の人たちに聞いてみます」

手かざしを終えてようやくビレさんに再会した。

――ビレさん。どうも久しぶりです。アビジャンの道場は想像以上にすごいですね。高級ホテルみたいじゃないですか。こんなきれいな建物、お世辞抜きでアフリカで初めて見ましたよ。

「ええ、本当ですか？　それは嬉しいです」

――安倍首相が来ていましたが、せっかくアビジャンに来たんだからここの道場にも来てくれればよかったですね。

「ハハハ。確かにそうですね」

アフリカで真光信者が増えればおのずと親日家・知日家も増えていくのは間違いない。

二〇一三年のＴＩＣＡＤで安倍首相は日本の企業家たちに向け、「伸びるアフリカに投資すべきは今！」と言ったが、アフリカに地道にコツコツ投資してきたのは、崇教真光はじめ日本の新宗教だ。そのことを実感した。

第5章　統一教会

合同結婚式でアフリカに嫁いだ日本人女性

「二〇年間ここに住んでいるけれど、統一教会の礼拝に行きたいと言ってきたのは上野さんが初めてですよ」

突然の電話を掛けた僕に、鈴木さんはそう笑った。鈴木さんはブルキナファソ人と結婚し、約二〇年前からブルキナファソに住んでいる統一教会の食口（「シック」、信者の意味）の一人である。

日本で統一教会を一般に広く悪い意味で知らしめたのは、一九六〇年代末から流行った学生を家出させ集団生活をさせる原理研究会（統一教会の学生サークル）の「親泣かせの原理運動」、八〇年代からのいわゆる霊感商法と多額の献金、そして九〇年代の合同結婚式だろう。

統一教会は二〇一五年に日本での法的な名称を世界平和統一家庭連合に改称したが、本書では一般に日本でなじみの深い「統一教会」で統一したい。統一教会は正式名称を「世界基督教《キリスト》統一神霊協会」という。「基督教」という名前が教団名に入っているのでキリスト教の新宗教なのかと思いきやそういうわけでもない。聖書は聖典ではあるが教典ではないとされ、旧約聖書と新約聖書の「奥義を解説した」という「原理講論」が教典である。ただし、教祖の文鮮明は一六歳の時にイエス・キリストに出会い、その時に直接「イエス・キリストから使命を託された」ので、「キリスト教に近いとも言えるでしょう」とされている。そして文鮮明はイエス・キリストが成し遂げられなかった使命を担う「再臨の救世主（メシア）」で、文鮮明と韓鶴子の夫妻は教団では「真の父母様」とされている。

統一教会を一躍有名にした「合同結婚式」は、教団内では「祝福結婚」という名前で呼ばれている。祝福結婚が初めて実施されたのは一九六〇年で、その時の参加数はたったの三家庭だけだったが、九五年には七〇万人が世界中で一斉に結婚するまでになった。

ブルキナファソではアフリカ人同士の国際合同結婚カップルがたくさんいる。ナイジェリア人、ガーナ人、コンゴ人、ウガンダ人など、いろいろな国籍のアフリカ人が合同結婚式でブルキナファソ人の夫と結婚し、ブルキナファソに移住している。ちなみに、統一教会は韓国発の新宗教のはずだが、ブルキナファソには韓国人の統一教会信者は住んでいない。

さて、ブルキナファソにはそんな統一教会の合同結婚式でブルキナファソ人の男性と結婚した日本人女性が何人か住んでいる。冒頭の鈴木さんがその一人だ。国際合同結婚式でブルキナファソ人と巡り合い、ブルキナファソに移住、それからずっとこの国で暮らしている。

鈴木さんは高校卒業後、勤めていた地元埼玉の会社をちょうど辞めた頃、大宮駅前で伝道していた原理研究会所属の若い信者から「何に興味を持っていますか?」と声をかけられ、「アフリカに行きたいです」と答えて、なぜか「では人生について勉強しませんか?」と統一教会に誘われ、一九八二年に入信した(いきなり「アフリカに行きたいです」と言われた勧誘員もびっくりしただろう)。入信一〇年後の一九九二年、韓国の蚕室《チャムシル》オリンピックスタジアムで開催され歌手・女優の桜田淳子《じゅんこ》が参加して有名になった六万人合同結婚式で、ブルキナファソ人の男性と結婚した。当時のことを聞くと、懐かしそうに話してくれた。

「桜田淳子は前の方にいて、テレビカメラとかたくさん来てたけど、私たちは後ろのほうに並んで、幸せそうに笑ってる彼女のこと見てたのよ」

「アフリカに行きたいです」と統一教会に入信したわけだから、ブルキナファソ人とのマッチングは本望だったに違いない。結婚した後は二年間のインターバルを置き、九四年にブルキナファソに移住。四人の子宝に恵まれたが、不幸なことに五年前に夫を亡くし、それから育ち盛りの子供を女手一つで育ててきた。

こんな彼女の身の上は、ある視点から見たら、「統一教会の被害者」として統一教会を批判するのに最適な話になるだろう。実際、嫁不足の韓国の田舎で統一教会は「日本人女性と結婚できますよ」という誘い文句で勧誘活動を行っていたようで、日本人女性と結婚したいがためだけに入信する男性もいるらしく、嫁いだ日本人女性は、信仰心もなくただ日本人の嫁が欲しいだけで統一教会に入信した夫と、悲惨な結婚生活を送ることになる。

嫁ぎ先は貧困な農村部在住者が多く、困窮生活を強いられ、日本人女性が日本に出稼ぎに出て生活を支えるケースもあり、二〇一二年には韓国に嫁入りした日本人女性信者が生活苦とDVに苦しみ、アルコール依存症の夫を殺害するという痛ましい事件も起こってしまった。

統一教会脱会者が統一教会を相手に起こしている「青春を返せ訴訟」という裁判があるが、見ず知らずの人と結婚するためアフリカの最貧国に行き、さらにその夫に先立たれた鈴木さんが仮に訴訟を起こした場合、「青春」では済まされず、きっと「人生を返せ」となるだろう。

けれど、そんな描き方は（少なくともブルキナファソでは）全く事実ではない。鈴木さんをはじめブルキナファソに祝福された日本人女性たちは、統一教会に入信して祝福結婚をした自分の生き方をなんら後悔することなく、統一教会の信者として「真の理想の家庭を作る」という目標を持ち、ブルキナファソ社会のフルメンバーとして強く、たくましく生きている。

鈴木さんは、夫を亡くしてから四人の子供を一人で育てなければいけないため、生活は多忙。仕事は掛け持ちでこなさなければいけない。夫の弟が学長を務める大学の秘書の仕事や家庭教師のアルバイトを掛け持ちしている。子供たちは日本語を話さないので、日本に帰って生活をやり直すこともできない。

日本人宣教師がブルキナファソに統一教会を伝道

――この国に来た時、統一教会でこっちの人と結婚した人がいると知って、すごく驚いたんですね。それで統一教会がアフリカでどんなことをやっているのかとか、どんなアフリカ人がどんな背景で統一教会に入信するのかということが知りたくて、それで鈴木さんに聞こうと思ったんです。

「つまり、アフリカ人がどうして新宗教に入るのかってこと？　じゃあ、統一教会がブルキナファソでやってる活動を話せばいいのかな？　でも、統一教会はブルキナファソではそんなにちゃんと活動できてないのよね。コンゴ（コンゴ民主共和国）とかナイジェリアなら結構しっかり活動してるんだけどね。ブルキナはちゃんとした教会の建物がなくて、普通の家を間借りして教会代わりに使っているんだけど、コンゴはちゃんと教会があるの。まあでも他のアフリカの国に比べてもブルキナはまだまだね。コンゴはほんとに信者が多いから、ブルキナファソに嫁いでくる女性もコンゴ人の女性が多いのよ」

九〇年代に統一教会の知名度を高めた合同結婚式だが、ブルキナファソでは当然だがアフリカ人同士の国際合同結婚カップルがたくさんいる。多いのはコンゴ人とのことだ。

ブルキナファソでは他の国に比べてあまり活動が充実していない。信者数はだいたい一五〇人から二〇〇人ほどで、日本で「正体を隠して学生を勧誘する統一教会のダミーサークル」としてかつて社会問題になった原理研究会（ＣＡＲＰ）もワガドゥグ大学にメンバーが七人いるだけだそうだ。

――統一教会はブルキナファソではいつから活動してるのですか？

「一九七三年だったか七五年だったか忘れたけれど、伊藤さんっていう日本人の宣教師とアメリカ人とドイツ人が初めてブルキナファソに来たの。だから私が嫁いでくる二〇年前からやってたのよね。アメリカ人の人はアメリカから機材を取り寄せて写真館を開いたり、伊藤さんはハンバーガー屋をしたりして生計を立てながら宣教活動をやっていたの。写真館は教団のお金を資本にしたのかどうか分からないけど、すごく良い機材を使ってて、ハンバーガー屋さんは昔のアメリカ大使館前でやってたからすごく繁盛していたみたい。多分写真館もハンバーガー屋さんもブルキナファソで初めての産業だったんじゃないかな。確か伊藤さんも二二歳か二三歳の頃にここに来たの。しかも合同結婚式で結婚した奥さんを日本に置いてね」

伊藤宣教師の下でブルキナファソの統一教会は地道に活動を続け、徐々に会員は増加。全世界で七〇万人が同時に結婚した九五年の合同結婚式にもブルキナファソからワガドゥグ市内有数の大規模文化施設パレ・デュ・プープル（人民宮殿）を会場にして参加し、一〇五組が「祝福」された。同年一一月にはなんと教祖の文鮮明がブルキナファソに来訪し、ブレーズ・コンパオレ大統領と会談するまでになった。

伊藤宣教師は四〇年前のアフリカの奥地に二〇代で単身渡航して教会を立ち上げ、生活費は自活して宣教活動をしていた。バイタリティが高くなければできない仕事だ。鈴木さんが言うには「有名大学出身の原理研究会のエリートが宣教師になる」そうだ。ただ、彼の強すぎるトップダウン式リーダーシップの教団経営についていけず、反発して辞めていく若い信者も少なくなかったと言う。

「伊藤さんは自分の決めたことに従えっていうタイプで、それが嫌で辞めた人も多いの。伊藤さんは他を犠牲にしても教会の発展を優先しようという考えでね、やっぱり自分の家族とか周りよりも教会を優先させるというのは、アフリカみたいに貧しい所では難しいよね。家族も多いし、大学を出ても仕事がなかったりするから。そんななかで教会に献身するという生活はやっぱり難しくて、それについていけなくて辞める人も多くいたわね」

――でも、すごいですね。鈴木さんが来るより二〇年くらい前から活動してたんですよね。

「でも、私が来た二〇年前も大使館もなかったし、大変だったわよ。ブルキナに大使館はないからコートジボワールから日本大使館の人が来て、手書きのパスポートをもらったりしてた。私たちの他に日本人と言ったら、井戸を掘ったりする援助プロジェクトで来ている人がたまにいるくらいだったね。でもね、大使館の人からは『一般の在留邦人を勧誘したりしないでください！』と言われてね（笑）。ほら、日本から離れてこんなところに一人で住んで精神的に不安定になる人も多いのに、宗教の勧誘なんかされてヘンになったら困るからって」

「ヘンになったら困るから勧誘するな」……確かに、大使館としては「邦人保護」の観点から必要なアドバイスかもしれない。しかも九〇年代だから統一教会が〝カルト〟として頻繁に取り上げられていた時期だ。しかし、むしろ見ず知らずの国に一人でやってきて、言葉も通じない人と結婚した鈴木さん自身は不安定にならなかったのか。

「私は外国に行ったことすらなかったから、結婚した後は教会が一年間イタリアに行かせてくれたの。教会の判断でね、『何の経験もない日本人の女性を一人でアフリカに行かせるのは大変だ』っていうことで。それでローマにいて、一年間そこで活動をしながら生活してね。あの時は楽しかったよ」

――結婚した後で一緒に生活するまで期間があると聞きましたが、二年間離れて生活しなくてはいけないというのは義務なんですか？

「期間はいろいろ違ってくるけれど、四〇日は絶対。その間に会うのは別にかまわない。でもね、やっぱり最初の二年間のうちに別れてしまう人も日本人の間でもたくさんいるのよ。それに特にアフリカだと、奥さんの渡航費も自分で貯めないといけないし、結局別れる人もたくさんいる」

ラエリアン・ムーブメントで紹介したベオゴさんがこの例だ。彼も九二年に韓国で日本人と合同結婚式をした後、数か月イタリアに滞在していた。ただし鈴木さんとは面識がないと言った。

「ブルキナの教会は大変よ。日本からお金なんか来ないし、アメリカからも韓国からもなにも来ない。宣教師も最近はいないしね。本当は私たちがブルキナファソと日本の架け橋みたいになって、行ったり来たりできればよかったんだけど、私たちがブルキナファソに埋没しちゃったから。育児とか子育てとか仕事とか、自分たちの生活のことで精いっぱいでね。それが最近になってやっと落ち着いたところ」

一般にブルキナファソのようなアフリカの途上国で生活する日本人は、多くが企業や省庁・国際機関等のバックアップのある〝赴任〟であり、現地の人と同じコミュニティに溶け込む〝移住〟はほとんどいない。そんな中、鈴木さんはなんの資本もバックアップもない「アフリカの最貧国への移住」を一〇年以上続けて、夫に先立たれた後も立派に四人の子供を育てている。「統一教会なんかに入らなければアフリカに行って大変な生活をする必要なんかなかった」という指摘は事実だとしても、彼女の個人としての強い生き方は誰にも否定できないと思う。

（文庫版注：ブルキナファソ在住の日本人女性信者が統一教会に勧誘された方法は、時期的にいわゆる「正体隠し勧誘」だったはずであり、違法な勧誘行為で入信したという意味で、彼女たちは「潜在的な統一教会被害者」だとは言える。ただ、彼女たちを「被害者」として描くことでは、僕が出会ったブルキナファソ在住の統一教会の日本人女性信者の素直な姿を描くことはできない。本書の執筆中、こうしたジレンマに悩んだが、僕が持った彼女たちの印象をナイーブに伝えるべく、本人の自己定義を尊重し、執筆においては、自分のことを被害者だと認識していない人を第三者が被害者と断じる権力性を排除することを選んだ。また、「統一教会に入らなければアフリカで大変な生活を送る必要はなかった」と考えたと同時に、「統一教会に入ったからこそ、アフリカで大変な生活を送る心の強さを得られたんだろうか」とも、ふと考えたということは、あえて素直に述べておきたい）

アメリカ留学帰りの副会長

話を聞いた後、教会に連れて行ってもらった。教会は庶民が集う市場のすぐそばだ。軒先の看板には「統一教会」ではなく、フランス語で「世界平和統一家庭連合」と書いてある。「教会」と言っても日本人信者の家を教会代わりに使っているだけで、見た目はただの民家である。

中では礼拝をやっている最中で、集まっている人は二〇人ほど。正面の演台に説教師が立ち、説教をしている。途中で合唱したり、祈りの文句を唱えたり、礼拝の形式は普通のプロテスタントの礼拝と変わらない。祈りの言葉を思い思いに一人でつぶやく様子を見ると、ペンテコステ派教会と同じだ。ただ一つ、説教師が手に持つのが聖

教会の入り口。フランス語で「世界平和統一家庭連合」とある

礼拝の様子

書ではなく文鮮明の著書だということを除けば。

壁に誇らしく掲げられているのは文鮮明直筆の書。「これはね、九五年に文先生がブルキナにいらした時に書いてくださったのよ」と鈴木さんが教えてくれた。「萬世之情　忠孝之徳」と漢字で書いてある。日韓併合時代の一九二〇年生まれの文鮮明は、公立学校に行く前に書堂（寺子屋）で漢文や論語を習ったそうだ。その反対側の壁にはその時に大統領と面会した写真が掛けられている。文鮮明と韓鶴子夫妻、コンパオレ大統領、そして当時の伊藤宣教師夫妻が並んで写っている。七〇年代から孤軍奮闘の伝道活動に励んできた伊藤宣教師にしてみたら、自分の布教地に「真の父母様」を迎えられたわけだから、感激もひとしおだったはずだ。そういえば本書で扱う新宗教のうち、教祖が来訪し、大統領と面会したのは統一教会だけである。

鈴木さんが「アメリカ帰りの青年を紹介するわね」と、アメリカの統一教会の神学校（統一神学大学院）に留学していた男性を紹介してくれた。彼と軽く挨拶をして、電話番号を交換し、日を改めて会うことにした。最後に皆で統一教会恒例の「億万歳（オンマンセー）」を三唱して礼拝は終わった。

後日、待ち合わせの時間に行くと教会は大賑わいだ。聞くと紹介してくれた男性の娘さんの一歳の誕生日だという。門を開けると日本人信者の二人が迎えてくれた。

文鮮明直筆の書

教会の中ではワガドゥグの国立劇場で一二月二二日に開催される統一教会のイベント「平和の祭典」で踊る予定の「よさこい節」を子供たちが練習しているところだ。よく見ると前回来たときはいなかった若い日本人女性が四人いる。

「今、若い女の子四人が宣教師で来てるのよ。まあ宣教師って言ってもフランス語もできないし、まだ何をやるっていうわけじゃないんだけどね。今年からこういう制度ができてね、彼女たちは九か月くらいいる予定。伝道活動をしたり、奉仕活動をしたりするの。この子たちの両親の世代が若かったときは世界に出て行って伝道をしていたのに、今の二世信者は引きこもってる子がいたり、軟弱だからね。そんな二世信者を強く育てようっていう今の会長（文鮮明の妻、韓鶴子）の考えでやり始めたところなの」

鈴木さんが紹介してくれた男性の名はダンウェレ・スーさん、一九六九年生まれで九〇年から入信している。元々の宗教はアニミスト。アメリカの統一教会神学校に三年間留学し、二年前にブルキナファソに戻り、ブルキナファソ統一教会の副会長をしている。数年前に「祝福済み」で、「祝福」相手はウガンダ人である。

――スーさんはどうして統一教会に入ったのですか？

「村から上京して来た時、初めてちゃんと話を聞いた宗教が統一教会だったのです。私は『人間の状態』に対する考えに昔から関心がありました。例えば『なぜ空腹で死ぬ人がいる一方で、なぜ食べ過ぎで死ぬ人がいるのだろう』と。そういう不平等に対する答えをここで見つけることができたんです。人間社会の全ての不条理、疑問に統一教会はしっかり答えてくれるんです。統一教会は社会とは家族の拡大だと教えます。家族の問題が解決すれば世界の問題も解決していく。そう考えます」

――誰が統一教会を教えてくれたのですか？

「一人の日本女性でした。その時私は叔母と住んでいたのですが、ドアをノックする音がして、叔母がドアを開け、その女性が叔母に教義を話し始めたのです。そして叔母が『ためになる話だからこっちに来なさい』と言って、それが一九八九年のことです。もともと私はアニミストだったので、統一教会が最初に出会った啓示宗教なんですよ。アニミズムは信仰があまり確立していないのでね」

彼も「アニミズムは宗教でない」と言いたげな話しぶりだ。日本人の「神道は宗教でない」という感覚に似ている。

——日本では、統一教会はあまり良い印象を持たれていないのですが、こっちでは批判を受けたりしていますか？

「ブルキナファソでは特に悪い印象は持たれていないと思いますよ。もちろん初めはいろいろありました。特に既成のキリスト教会からは迫害というか、いろんな脅しを受けましたね。でも、今ではキリスト教会からの反発もさほどなくなりました。その証拠に多宗教の宗派を超えたカンファレンスをすると、参加してくれるキリスト教徒の代表がたくさんいますから。しかし、『日本で良い印象がない』とはどういう意味ですか？」

——いろいろ理由はありますが、例えば、献金や献身を過度に要求するんですね。統一教会にのめりこんで、家族とか仕事とか友人とか、他の大事なことをないがしろにして、教会に献身して、献金をしていく。そういうふうに統一教会が信者に強要するとして批判されています。

「ああ、なるほど。確かにそういった問題はわかります。こっちは家族の概念が日本より広いです。例えば親戚も家族です。一族の中に公務員の人が一人いて、その人が家族全体を養っているという場合、教会の活動に献身しすぎると、確かに家族は困りますから。以前はブルキナファソでも同様のケースがあって、その時は批判され、問題でした。しかし、今ではそんなことはありません。今の状況としては、肉体的な家族（実の家族）と精神的な家族（文鮮明夫妻を「真の父母様」とした統一教会の組織）の関係はとても融和しています」

もちろん統一教会の現地副会長という立場の人間が「我々はとても悪い印象を持たれています」とはっきり言うわけはないので、彼の言うことを一〇〇％鵜呑《うの》みにすることはできないが、考えてみれば、日本で統一教会が批判されるのは霊感商法や過度な献金、街角での正体を告げない勧誘活動などが主な原因であって、教義自体が批判の原因ではない。

統一教会には霊感商法というイメージがあるが、鈴木さんによるとブルキナファソで「壺なんか売らないですよ（笑）」とのこと。確かに、仮に高価な壺や美術品をわざわざ取り寄せてブルキナファソで売ったとしても、国民にそこまでの購買力がないので商売にならないだろう。いわゆる「霊感商法」も、ある程度市場経済が発達して国民の所得水準が高く、購買力のある国でなければ難しい。

「霊感商法も過度な献金もやっていない」と言うのなら、確かに、悪い印象は持たれていないと考えるのも間違っていない気がする。ブルキナファソというアフリカの世界最貧国に住む信者に多額の献金を要求したところで、日本やアメリカの信者が行う献金に比べれば、たかが知れた額にしかならない。さらに信者数が一五〇人程度という規模を考えれば、多額の献金を強いるというのは費用対効果からして労力の無駄以外のなにものでもない。むしろ「貧しい国でいい印象を持たれています」というのは先進国でのイメージアップに繋がる。統一教会側がこのような換算を考えているわけではなく、ただの僕の推測だが、結果的にはそういうことになる。

こうしたことを考えると、ブルキナファソでは既存のキリスト教会と聖書の解釈や教義に対する真贋《しんがん》論争はあっても、日本でのように「カルト」扱いは受けていないようだ。鈴木さんもこう言う。

「キリスト教の人と聖書について話したり教義について話すと、すごい口論、罵りあいみたいになるんだけど、普通の人はむしろ『わかりやすい』って言ってくれる」

「家庭の愛が世界平和に繋がる」。それは確かにわかりやすい。

文鮮明の死

統一教会の教祖、文鮮明は二〇一二年九月に肺炎を患わせ九三歳で死去（「聖和」という）した。世界一九〇か国にわたる巨大宗教団体の教祖の死は、フランスの国際テレビ「フランス24」でもしっかり報道され、アナウンサーは「グル」という言葉をナレーションに使っていた。フランスではかつて統一教会はセクト（カルト）と指定され、文鮮明の入国もできなかった。

死去に際し、ブルキナファソでは首都ワガドゥグにある五〇〇〇人収容の名門国立劇場「CENASA（セナザ）」で大規模な追悼式が開催され、国営テレビも取材に訪れた。式典に国会議員や元大臣などの政府関係者が出席したほか、統一教会の「平和大使」に任命されていた人権推進大臣アルベール・ウエドラオゴ（当時）は韓国に弔問し、コンパオレ大統領（当時）の弔辞を届けたそうだ。

――文鮮明が亡くなった時はブルキナファソにいましたか？　当時を振り返ってどうでしたか？　どう感じましたか？

「もちろん痛ましかったです。やはり師のそばにはずっといたいと思うでしょう」

聞きながらスーさんの表情をうかがってみたが、さすがにもう数年前のことなので、あまり表情は揺るがない。そして「けれども」と続ける。

「そのおかげで、より教えを理解することができました。文先生はこう言っていました。『人は三つの場で成長する、母のお腹の中、この世、そして霊界。この世に生まれ出る時に使命を帯びる、そして霊界に旅立つ時も使命を帯びる』と。なので、死も文先生の使命の継続だと思いました。死は終わりではなく、次なる使命への旅立ちです。落胆ばかりしたわけではなく、むしろ勇気をもらいました。文先生は次なる使命の為に旅立ったのですが、先生がこの世で果たそうとした使命はまだ終わっていません。それは我々が続けてやらなければいけない。そんなことを感じました」

「文先生がこの世でやり残した使命」とは、「家庭・家族の愛を基にした世界平和の実現」だ。

「統一教会の教えは最も理論的です。家族の価値というものは本当に重要なのです。世界平和は強い家族を作ることから始まるんです。世の中のあらゆる問題は強い家族を作ることで解くことができます。それを言ったからこそ、文先生は救世主だったのです。強い家族を作ることができればすべての意味で平和が達成されると思います。家族の愛がしっかりしていれば、飢えて死ぬ人がいる一方で、飽食で死ぬ人がいるだなんて状況にはならないでしょう。統一教会にはキリスト教の牧師だった人、神学校出身の人もいます。家族・家庭が最も大事だという統一教会の教えは一つの宗教の中に収まるような教えではないのです」

「よさこい節」を伝道しに来た統一教会の宣教師

インタビューを終え、少しすると、それまで教会の中で行われていたよさこい節の練習も終わった。子供たちによさこい節を教えていた若い宣教師(二世信者)も外へ出てきた。彼女たちは東日本大震災後に統一教会が組織した震災の復興ボランティアにも参加したと言う。

鈴木さんがこう話す。

「こういう宣教師の活動以外にも東日本大震災の復興ボランティアなんかもやってるのよ。それで、被災者の人から『アンタたち統一教会なんだって?　でも見た感じ、別に普通のコじゃないか』って言われたりするらしいのよね(笑)。やっぱり、そういう悪いイメージを挽回させたいって思って必死になって頑張るみたいね」

二〇一三年九月に仙台市で、オウム事件後に構成された反カルト専門家や被害者団体のネットワークである日本脱カルト協会の主催で「被災地をねらうカルト!?　―大学やコミュニティでとるべき対策とは―」という公開講座が開かれた。同協会のサイトを見ると講座を開講した趣旨として、「不安や孤独感につけ込み、多くのカルト的な団体が被災地や大学などにおいて、新たな信者や資金の獲得をしようと暗躍しているという憂《う》うべき実情があります」とある。様々な宗教団体が被災者の弱った心のスキマに入り込んで勢力を伸ばそうとしている現実はあり、災害をダシにした宗教団体の活動を迷惑に感じている被災者も当然たくさんいるはずだ。けれど、震災後の生活で困っているところを助けに来てくれるのなら、ヘンな宗教団体だってなんだっていいという被災者だってきっといるだろう。

「アナタたち時間ある？　ちょっと話を聞きたいんだって」

鈴木さんが四人の若い宣教師を呼び止めて、僕にあてがい、四対一の集団面接のようになった。みんな二〇代で僕と同世代かそれより若い。

「あの……統一教会のことは昔から知ってたんですか？」

――ええ、知っていましたよ。

「どんなイメージ持ってました？」

――ああ、いや、そりゃやっぱり、あまり良いイメージはなかったですけど……

「ああ、やっぱり……」

同世代の統一教会信者に会って話をする初めての機会だったので、少し緊張していたのだが、むしろ向こうのほうが「統一教会だから、きっと怖いって思われてるんだろうな」と恐る恐るな雰囲気である。

——今は伝道活動をしているとのことですが、どんなことをやってるのですか?

「とりあえず今は（言葉の問題もあり）まだ活動をできる状態じゃないんで、教会のイベントで踊る『よさこい節』を子供たちに教えてます。この間はボボジュラソで講演会をした時によさこいを踊ったんですよ、やっぱりこっちの人は日本のそういう文化に触れることもないから、すごく楽しいって言ってもらえました」

——それはよかったですね。

「今度の二二日のワガドゥグの講演会でも子供たちと一緒によさこい節をやるので、見に来てくださいね」

——でも、別によさこい節は講演会のメインじゃないですよね?

「ええ、そうです! すみません（笑）。よさこいじゃなくて中身を聞きに来てください!」

まるで「よさこいを伝道しに来た」ような言い振りをバツが悪そうに笑いながら訂正する統一教会の宣教師たち。確かに「アンタたち統一教会なんだって? でも見た

「平和の祭典」の会場

感じ、別に普通のコじゃないか」と言いたくもなる。

一二月二二日、日曜日。「よさこいを見に来てください」と言われた統一教会のイベント「平和の祭典」に行ってみた。入場は無料だが、くじ引きの抽選券が五〇〇フランする。イベント会場は前述のCENASAという文鮮明の追悼セレモニーも実施したブルキナファソで最も由緒ある国立劇場である。前回の日曜礼拝の時に「会場を満員にしよう」とスーさんが会員に呼びかけていたのだが、残念なことに六〇〇人のキャパに対し、集まったのは二〇〇人程だけだった。

配布されたプログラム表にはよさこ

い節が「日本のダンス」として紹介されている。統一教会は一応韓国の宗教なはずだが、ブルキナファソでは韓国っぽさが全然ない。

登壇者は人々の間の連帯、平和の大切さ、家族愛の大切さを説く。内容は非常にまともである。統一教会的なことといったら途中で文鮮明の著作の一節が静かに朗読されたことくらいで、まれに行われるガーナやナイジェリア等の英語圏アフリカからやって来たペンテコステ系教会の「ジーザス・クライストを信じるだけで大金持ちになれる」と大声で叫ぶ集会よりはるかに良識的に思える。

イベントの中盤、不意に「よさこい節」が始まった。開演前、僕に「絶対見てくださいね」と言った鈴木さんの長男がバク転を披露して、会場からは拍手と歓声が沸き起こった。様々な宗教の二世信者の苦悩を題材にした名著『カルトの子——心を盗まれた家族』（米本和広著、文春文庫）には、統一教会の両親から生まれた二世信者の葛藤・生きづらさが綴られているが、どうしたことだろう、アフリカの陽気な太陽のおかげなのか、彼はお母さん思いの優しくて元気な少年に育っている。

その後、市長の名代として参列したワガドゥグ市局長の挨拶や「平和大使」の任命式、記念写真撮影等を挟んで、景品の抽選会があり、イベントはつつがなく終了した。

なぜコンゴ？

初めに鈴木さんに会った時、「コンゴ（コンゴ民主共和国、以下コンゴ）では統一教会がとっても盛ん」と言われ、コンゴの様子がとても気になった。なぜそんなにコンゴで盛んなのだろう。本書の随所に取り上げているが、コンゴでは、統一教会のみならず、日蓮正宗、ラエリアン・ムーブメント、エホバの証人、バハイ教など、いろいろな宗教が活発に活動している（隣国のコンゴ共和国でも天理教が盛んに活動するなどしている）。時代を遡《さかのぼ》ればベルギー植民地時代の一九二〇年代にはキリスト教と土着信仰を融合させ、反白人感情をベースに民衆の支持を得たシモン・キンバングのキンバンギズムというキリスト教系メシアニズム運動もあった（ちなみにラエリアン・ムーブメントでシモン・キンバングは聖人とされている）。

もしかしたらコンゴにはなにか、新宗教が浸透しやすい特殊な状況があるのかもしれない。思いつくところではイスラム教の影響が薄い、伝統的な信仰が残っている、政情が非常に不安定といったところだろうか。独立直後のコンゴ動乱やモブツ大統領死後からの内戦など、コンゴには新宗教が勢力を伸ばす要素のいわゆる「貧・病・争」が蔓延している。けれど、アフリカにはそんな国ならたくさんある。

コンゴの統一教会施設

キンバンギズムの教会

一六歳で統一教会に入信し、ブルキナファソ人と祝福されたコンゴ人女性の一人、ブアンガさん（四九歳）は「やっぱりコンゴ人はとってもオープンだし、社交的だし、好奇心も旺盛だからね」と言うが、それだけだろうか。

なぜコンゴで統一教会が盛んなのか？　鈴木さんが言うにはこうだ。

「ブルキナはイスラム教が結構強いけど、コンゴは元々イスラム教じゃなくて（統一教会と同じ）キリスト教だからね。コンゴでは各地域に一つは統一教会の教会があるのよ。それに八〇年代とかアフリカの経済情勢が悪くなった時に、統一教会がコンゴで学校を建てたりとか、いろいろしっかりした経済支援をやったのね。それを見た現地のコンゴ人が入信して信者がすごく増えたみたい。ただ、やっぱりあの辺は内政が不安定でしょ。紛争の時とか外国人が国を出て行かなくちゃいけないとなった時に国を離れた人も多いの」

八〇年代に世界銀行からアフリカ諸国に提案された構造調整プログラムは、数字上はアフリカの途上国の経済成長につながったものの、貧困層の切り捨てや公務員の失業増加につながるという非難も受けた。八〇年代当時、コンゴはまだザイールという国名で、独裁者モブツ大統領の全盛期だった。モブツ大統領はファシストではあったが共産主義者ではなかったので、アフリカの中心にぽっかり共産主義の穴が開くのを恐れた欧米諸国はこぞってモブツ政権を支援し、モブツはそのほとんどを着服した。大統領離宮としてジャングルの闇の奥にヴェルサイユ宮殿を模した宮殿を建設。ザイールの対外債務はモブツ大統領の個人資産に匹敵すると言われた。

八〇年代のコンゴはモブツ大統領の強権のおかげで今とは違って政治的・社会的には安定していたが、庶民の生活は今と同様、貧しかっただろう。

日々、不安定な生活を強いられるアフリカの民衆を救ったのが、八〇年代に日本で問題になった「霊感商法」の収益のようである。高い壺や家系図を買わされたことで、アフリカの貧困層の生活が向上したのなら、「それは本望だ」と言う人もいるかもしれない。「途上国援助」を通じて独裁者を支えたのが欧米先進国なら、「霊感商法」を通じて民衆の生活を支えたのは統一教会だった――という表現は、理屈として成立する。

統一教会でつながるコンゴと日本

コンゴ出身でブルキナファソにお嫁に来た女性は二〇人程いる。「コンゴで活躍する統一教会」について、ブルキナファソ人と「祝福」されたコンゴ人の女性にいろいろ聞いてみた。

イルブド・マウ・ンゴマさん（四六歳）。一九八九年、二一歳の頃に統一教会に入信し、九二年にブルキナファソ人と結婚した。夫はニジェールの統一教会代表。ニジェールはイスラム教が浸透しているため布教がとても難しいらしく、ＮＧＯの形式をとって宗教色をなくした活動をしているそうだ。彼女自身は父親がモブツ大統領の専属記者だった関係で政治家とコネがあるらしく、ブルキナファソでは政治家や高官を相手にした統一教会系ＮＧＯの世界平和連合（ＵＰＦ）の代表を務めている。

コンゴでは父親のコネもあった彼女だが、ブルキナファソでは努力もむなしく、ＵＰＦの活動は停滞気味で、代表を解任されそうになっており、鈴木さんは「彼女も『私は頑張ってきたのに、なんで？』って不満がたまっているのかもしれない」と言う。

礼拝の翌日、仕事が終わった後、彼女の自宅で話を聞かせてもらった。

――鈴木さんからコンゴではとても統一教会の活動が盛んだと聞きましたが、本当ですか？

「ええ、ここなんかよりずっとコンゴは盛んね。キンシャサの教会なんてすごく大きいし、キンシャサだけできっと七〇〇〇人以上は信者がいるわ。やっぱりコンゴは元々キリスト教のベースがあるから統一教会の教えがすんなり入っていくのよね。統一教会が作った病院とか、学校も、小学校から大学まであるの。統一教会の考えに則した教育をしていて、誰でも入学できる学校よ。病院や学校は一九八九年に私が入信した時点で存在したから、きっと八〇年代に学校や病院とかインフラを作ったんだと思う」

キンシャサだけで七〇〇〇人以上の信者がいるということから推測すると、コンゴ全土で信者数の合計はおそらく数万人規模になるのではないだろうか。

統一教会はコンゴでも布教の初期には、教義の異端性によるキリスト教会からの批判や長期間のセミナーに子供を参加させるなどの姿勢が大人の反発を呼び、迫害された時期があったが、八〇年代を通じて徐々にコンゴ社会に受け入れられていき、曰く「コンゴ人なら統一教会のことを誰でも知っている」という状況にまでなった。コンゴは統一教会の他に、エホバの証人やキンバンギズムも盛んだが、スピリチュアリティ（霊性）を重視するという点でキンバンギズム教会は統一教会と近似しているらしく、統一教会に改宗して活躍するキンバンギズム教会元信者も多いそうだ。

話の途中、彼女の知人男性が来宅した。彼も統一教会の信者で、「コンゴの統一教会の写真はないのですか？」と彼女に聞く僕に、コンゴで収録したという歌の映像を見せてくれた。パソコンの画面には文鮮明・韓鶴子夫妻の写真の前で祈りながらフランス語で統一教会のゴスペルを歌う黒人女性歌手が映し出された。歌を聞きながら彼女は話を進めた。

統一教会はコンゴの隣国アンゴラでも盛んらしい。

「アンゴラにもたくさん信者がいるわ。なぜかというと、アンゴラはずっと内戦（一九七五～二〇〇二年）をしていたでしょ？　内戦の間にコンゴに逃げてきた人がすごく多かったのね。それでコンゴに住んでいるうちに統一教会に入信して、内戦が終わった後に統一教会の信仰を持ってアンゴラに帰って行った人がたくさんいるの。だから今のアンゴラ統一教会の代表もコンゴ出身。それに最近はアンゴラじゃなくてコンゴで内戦があったりして不安定だったから、逆にコンゴからアンゴラに逃げる人も多かったね」

そう言えば、別のコンゴ人女性ブアンガさんも「私はキンシャサ生まれだけど親は元々アンゴラ出身」だそうだし、さらにイルブドさん自身もカビンダ（アンゴラ領）近くの出身なのでコンゴの首都キンシャサに行くよりもアンゴラのほうが行きやすいという。

余談だが、アンゴラは世界救世教（崇教真光の開祖が元々所属していた教団）も盛んらしく、これは日系人を念頭に布教活動が始まったブラジルで、世界救世教に入信したブラジル人が同じポルトガル語圏のアンゴラに渡ったことがきっかけだそうだ。コンゴに世界救世教の信者がいたとしたら、それは日本→ブラジル→アンゴラ→コンゴの順に世界救世教が伝道されていったという証拠になろう。(文庫版注:なお、コンゴに世界救世教の信者が存在していることは本書の刊行後、確認済みである)

——要するに、韓国から直接来たわけじゃなくてコンゴを経由して統一教会がアンゴラに布教されたってことですね?

「そうそう、そういうことね。アンゴラだけじゃなくてコンゴ・ブラザ(コンゴ民主共和国の隣のコンゴ共和国)にもザイール(コンゴ民主共和国の旧名)から伝わっていったのよ」

彼女はアフリカにおける統一教会の中心としてのコンゴを誇らしげに語るが、そのコンゴに統一教会を布教したのは他ならぬ日本人だった。もう一人のコンゴ出身女性ブアンガさんはこう言った。

「コンゴに統一教会が入って来たのは一九七五年だけど、最初は日本人やアメリカ人の宣教師が来ていたわね。たしかヨシダさんとか、グレゴワールさんとか言ったかな」(文庫版注:この「ヨシダさん」は宣教師ではないと後に判明した。詳しくは本章次項の「文庫版追補」を参照)

ブルキナファソの伊藤宣教師といい、コンゴの「ヨシダさん」といい、やはり統一教会という組織はずいぶん日本人の献身の上に成り立っている。

――学校とか病院以外に統一教会はどんなことをやっているんですか？

「そうね、ゴマ（コンゴ東部）には統一教会の農場や牧場、あとは機械の部品を作る工場なんかもあるし、あとは、軍や警察、若者の情操教育を統一教会がやったりしてるの。教会がっていうより、政府から依頼を受けて、世界平和連合がやるのよ。とにかくブルキナファソとは比較にならないわね。どこかの地方一つだけでここ（ブルキナファソ）の四倍は信者がいるから。コンゴでは各地域にそれぞれ統一教会の教会があるくらいなのよ。あとは、村全体が統一教会だっていう村もあるし、牧師さんが統一教会に入信して、その教会まるごとが統一教会になったという教会もあるわ」

――合同結婚式でコンゴに嫁いだ日本人の女性もいますよね。その人たちは内戦の時はコンゴに残ったのですか？

「内戦の時はね、日本大使館から『逃げてください』って退避勧告があったのよ。それで、彼女たちは『逃げるなら私たちの夫も一緒に逃がしてください』って言って、夫と一緒に日本に退避したの。その中には統一教会が作った医学学校で研究していた人もいて、日本の大学で働いている人もいる。その時日本に奥さんと一緒に逃げた人はたぶん七〇人くらいはいるはず。日本に逃げた後、グリーンカードを取得してアメリカに移住した人もいるわ」

外務省のホームページによると、コンゴ民主共和国出身の日本在住者は三三九人（二〇一二年）だそうだが、「七〇人くらい」という彼女の話を信用すると、このうちの二～三割は統一教会信者となる。日本でなにかと評判の悪い国際合同結婚式にも「戦争になった時に配偶者を頼って国外に逃げやすい」という利点があることに気付いた。

韓国で始まり四〇年前に日本人によってアフリカに伝道された統一教会。その「真の父母様」を信じ、日本人女性と祝福され、内戦を逃れて日本に移住しているコンゴ人。その波乱万丈な人生と統一教会との間を結ぶ因縁生起《いんねんしょうき》は、何をか言わんや、世界で最も統一教会の信者が多く、かつ世界で最も統一教会の評判が悪いであろう我が日本国である。

日本へ帰ったら統一教会信者のコンゴ人に会ってみたくなった。

旧統一教会のアフリカ宣教活動――文庫版追補

「アフリカに進出する日本の新宗教」の展開には次のような類型がある。

まず、①キーパーソン型。これは、一人のキーパーソンを中心にある種の偶然をもって展開されるもので、真如苑や崇教真光などが当てはまる。次に、②自然移入型。これは図らず自然に伝播していくもの。ブラジルからポルトガル語圏アフリカに広まった世界救世教やラエリアン・ムーブメントなどが該当する。そして、③布教型。布教目的の伝道者が広めるもので、エホバの証人や統一教会などが当てはまる。なお、一般的な日系宗教の海外展開には、ハワイやブラジルなどの日系人社会でコミュニティの寄り合い場として機能する「エスニックチャーチ型」があるが、アフリカには日系人社会が（ほぼ）存在しないため、エスニックチャーチ型は存在しない。①〜③までの類型はそれぞれ独立しておらず、複数の類型が時代によって重複したり、変容したりして展開している。例えば、幸福の科学や天理教などは、初めはキーパーソンがいつつも、その後は教団のバックアップで布教体制が整うという展開の様相を見せており、「キーパーソン＋布教型」として類型化できると思う。

布教型の代表例は統一教会だ。教団で「海外宣教の年」とされた一九七五年からアフリカを含む途上国への布教が行われてきた。「海外での活動は韓国の本部がやっているので日本ではよく分からない」そうだが、幸運なことに日本の教団本部の担当者とかつてアフリカで伝道を行っていた元宣教師の方に取材をすることができたので、次のとおり、第5章の「追補」として取材結果を記したいと思う。

「宣教師といっても、現地に教会基盤があるわけでもないので、最初は観光ビザで入って――。そこから路上伝道でも何でもありですよ。大学のキャンパスであれ、どこでも人とコンタクトをして、やれること何でもやりました」と、かつて西アフリカを中心に活動していた統一教会の元宣教師はそう語る。彼は本章前半で紹介したブルキナファソの伊藤宣教師と全く同じく、一九七〇年代から現地に移住し、現地の人々と同じ暮らしをして、統一教会のアフリカ宣教を担った人物だ。

彼は一九七五年から合計で二〇年近くフランス語圏を中心にアフリカ各国を渡り歩いて宣教活動に従事したそうだが、初めに渡航した国は外国人の自由な宣教を認めず、「数か月で出国を強いられた」し「戦争で入国できない国もあった」という。このことからも分かる通り、渡航前にアフリカに当てがあったわけではない。全くのサバイバル的な伝道活動である。統一教会のこうした初期開拓伝道は日本、アメリカ、ドイツの三か国の信者で行われたことが知られている。信者が多い先進国の国がたまたまそうだったのかと思っていたが、日米独の三か国が選ばれたのは「第二次大戦の敵国同士の恩讐を愛す」という意味があったらしい。そんな海外宣教において、個々の宣教師が抱いていたのは宗教的情熱やこの世の不条理を無くすという使命感だったそうだ。「アフリカで宣教していると、『神様はアフリカを見捨てている。私は黒人として悲惨な国に生まれた。あなたは裕福な国に生まれた。不平等ではないか』と言われます。でも、いや、違うんだと。天の父母様は最も可哀そうな子供に想いが行くんだということなんです」――。

彼によれば、七〇年代や八〇年代の統一教会の海外宣教は、教団からの経済支援も一応はあるものの、宣教師自らが現地で職を得て移住し、自活経営を目指すものだった。

「本部からの経済的な支援は、ある程度の年数は続きますが、ある程度の教会の基盤ができてからは自立するようになりました。コンゴでは長期ビザも収入も必要だしってことで、教員免許も持っていたんで現地の高校で英語教師で働いていました――。本部からの支援は国ごとで違うので、アメリカやドイツの同僚の宣教師がどれくらい本部から支援されていたかは詳しく知らないんですけど、アメリカ人はどこでも英語教師とか翻訳の仕事をしていましたよ」

言ってみれば、「チェーン店のフランチャイズ」というより、暖簾《のれん》分けされた個人事業主（たまに本部からの支援もある）という雰囲気だろうか。イエズス会のように、全面的に教団組織がバックアップして外国に宣教師を派遣するイメージとはかなり異なる。「まさに使徒行伝のような開拓伝道」といえば聞こえはいいが、こうした過酷な宣教活動は命の危険と隣り合わせである。統一教会とは無関係だが、二〇〇七年にアフガニスタンでキリスト教宣教師がタリバンに拉致・殺害された事件や、二〇一八年に中米で起こったエホバの証人の日本人宣教師の殺害事件を覚えている人も多いだろう。また宗教的迫害が苛烈《かれつ》な国や地域などでは今でもキリスト教の宣教師の遭難が少なくない。数十年前のこととはいえ、こうした開拓伝道はそうした危険と表裏一体であることは述べておかなければいけない。また、九〇年代には日本に残した家族を顧みずに一般信者が海外宣教に勤しむ例も多々あったという報道もある。

なお、宣教活動で特に困ったのはやはり言語の問題だったそうだ。

「今やアフリカに大勢の信者さんがいる？　いやいや、全然そんなこと思ってない。悔しいですね。言葉もできないまま飛び出して、七転八倒して、申し訳ない気持ちで一杯です」

「宣教師仲間はアメリカ人だから、彼らとは英語でコミュニケーションとって、外ではフランス語で話す。ものすごい苦しんだんですよね。伝道だっていってもやれることは限られている。悔し涙をたくさん流しました」

天理教は天理教の海外伝道者育成を目的に天理外国語学校（現在の天理大学）を設立し、モルモン教も海外宣教のための専門の語学教育施設を持っている。教団創設時期や制度の設立時期を考えると一律に比較はできないが、こうした他宗教の制度だった海外伝道の取り組みと比較すると、かつての旧統一教会のアフリカ開拓伝道は、制度的資本がない時期から広範囲に進められてきた。これは、「民族よりも国家、国家よりも世界のため」というように、「より大きな目的のために生きる」ことを説く教えによるものだと元宣教師は語る。こうした教えのもと、信者個々人の「信仰心」や「気力」によって海外宣教は進められた。これは、統一教会の制度的資本のなさによるものでもあるし、そうした信者の「気力」に依存する実践活動をむしろ是とする組織文化もあったと思われる。とはいえ、宣教を担った信者個人の宗教的献身によって、現在アフリカに数多くの旧統一教会信者がいる結果になったのは本章で述べた通りである。

なお、現在はこうした気合でやりきる海外宣教はもう行われていないという。それは、時代が変わり、世界各地に統一教会の基盤ができたためである。今は本章で紹介した若い二世信者の信仰教育の一環としての「青年宣教師」の活動が海外宣教の主流だという。統一教会によるアフリカへの宣教活動のフェーズを大雑把《おおざっぱ》に言えば、①七〇年代、八〇年代の開拓伝道の時期、②そうした開拓伝道が終わり、現地にある程度教団の基盤の出来た九〇年代以降、数年単位で日本から信者が渡航して宣教活動を行った時期（これに祝福結婚で日本人女性が多くアフリカに嫁いできた時期や世界平和女性連合のNGO活動の開始時期が重なる）、③そして、二〇一三年からの「青年宣教師」による海外宣教の時期に大別できるだろうか。

「青年宣教師」について教団の担当者に聞いたところ、二〇一三年の開始当初はブルキナファソやコートジボワールなど、アフリカでは七か国で実施されていたが、「今は治安や受け入れる教会の基盤もしっかりしている国だけ」となった。任期は一年から長くて二年程度で、費用は二〇万円を本人が支払い、他は教団持ちとのこと。純粋な宣教というより、若年信者への信仰教育の一環という側面が強く、「モルモン教の伝道奉仕と同じですよ」と、非常に分かりやすい（？）喩えで教えてくれた。現在アフリカのどこの国で実施されているのかを知りたかったが、信者個人のプライバシー保護の観点からか「どの国で活動しているかは教えられないんですよね」とのこと。アフリカの在留邦人は限られており、国名を明かすと、その国の在留邦人から容易に信者が割り出されてしまうことが懸念されるのだろう。

さて、インタビューの最後、元宣教師の方に本書の感想を聞いたところ、「本文に、（コンゴの日本人宣教師の）『ヨシダさん』と書いてありますけど、吉田さんは宣教師ではないですね。ザイールは、最初に来た日本人の宣教師とアメリカ人の二人でやってたんです。その後、日本人三人とアメリカ人二人と、ドイツ人の六人くらいの活動になりました」と、日本できっとこの人を含め数人しか知りえない〝七〇年代後半のコンゴにおける統一教会の宣教活動〟に関する事実誤認の指摘を受け、また、「コンゴのキンバンギズム教会との関係は、日本人宣教師が大統領警護の白バイと交通事故を起こしちゃって、その裁判の時の弁護士がキンバンギズムの人だったのがきっかけなんですよ」「で、統一教会の霊能者がシモン・キンバングの霊のメッセージをその人に伝えてぐっと距離が近くなった」や、「アフリカの人は、『クリスチャンです』と言っても、アニミズム信仰も同時に持ち続ける人も中にはいます。原理講義をして、さあお祈りしましょうと言っても、アフリカの『お守り』のようなものを出してくることもありました。でも、そういう場合、真っ向から『それはダメだ』などと言ってしまうのは非常な問題を起こします。なので干渉しないということにしました。本人次第です」と、日常生活と宗教が交差するアネクドット（奇談的逸話）。さらに、「大きな課題は一夫多妻の問題。家庭連合の教えは一夫一妻だけれども、奥さんが四人いる人からしたら『妻を一人選んだら残りの三人が路頭に迷うじゃないか！』ってことになる。だからこれは、強制しないで、本人の意思で決めてもらうことにしました」など、尽きることないアフリカでの体験を聞かせてくれた。

一九七五年から約二〇年間、宗教家として過ごしたアフリカの体験――。この人のライフヒストリーにいったいどれだけの人類学的あるいは宗教的な「肌感覚の経験」があるだろう。そういえば僕は、マダガスカルで、大勢のマダガスカル人相手に流ちょうなマダガスカル語で説教を行うエホバの証人の日本人宣教師に出会ったが、統一教会に限らず、こういう日本人たちが、アフリカにきっと無数にいるのである。僕はまだ「アフリカに進出する日本の新宗教」の、ほんの一部分しか知らないことを思い知らされた。

第6章 創価学会

六〇年代からアフリカに注目

創価学会について説明は不要だろう。公称信徒数が八二七万世帯で、新聞、雑誌はもとより、高校や大学そして政党まで持っている。日本で、またおそらく世界でも最も規模の大きい宗教団体の一つである。

創価学会とアフリカとの関係はいつから始まるのだろう。創価学会公式サイト内検索のフレームに「アフリカ」と入れて検索をクリックすると、一つの動画が検出される。アフリカの年と言われた一九六〇年に国連本部を訪れた池田大作名誉会長の動画だ。国連に居並ぶ独立直後のアフリカ諸国の若い政治リーダー達を目にし、池田大作が「二十一世紀はアフリカの世紀」と言ったことを紹介する動画である。創価学会のアフリカ関連記事にはこの池田名誉会長の「二十一世紀はアフリカの世紀」の言葉がよく引用される。

国際交流が盛んな創価大学はアフリカではエジプト、ケニア、ガーナ、南アフリカ、ザンビア、セネガルの各大学と提携を結んでおり（文庫版注：現在はエチオピア、モロッコ、タンザニア、ウガンダの大学とも提携している）、学内では一九九〇年からなんとスワヒリ語のスピーチコンテストまで開催されている（学外からも応募可能）。これは外国語大学ですらない私立大学としては非常に稀有な取り組みだと言えるだろう。スピーチコンテストではタンザニアなど東アフリカのスワヒリ語圏諸国の大使が審査員を務めるそうだ。

ブルキナファソの勤行

さて、二〇一三年一〇月、ブルキナファソの創価学会の集会に訪問した。毎週日曜日の朝に集会をしているそうで、僕が行った集会場所は会員の自宅だ。集会にはブルキナファソ人以外にも学会員の在留邦人も参加することがあるらしい。公称信徒数八二七万世帯と言うだけあって、やはり他とは規模が違う。創価学会では「たまたまブルキナファソに赴任した日本人の中に信者がいた」というのはありえる話である。

創価学会はブルキナファソでまだ法人格を取得していないが、信教の自由が憲法で保障されているので、ブルキナファソＳＧＩの事務局長によると「活動になんら問題はない」らしい。

ブルキナファソの創価学会の歴史は、現地区部長のサワドゴ氏が入会した一九八八年から始まる。当時コートジボワールに住んでいたサワドゴ氏が同僚に誘われ、座談会に参加して池田大作の指針集を手渡されたのがきっかけだ。その後、ブルキナファソ人の学会員の数は徐々に増え、現在ではブルキナファソ全体で一〇〇人から一五〇人くらいになった。創価学会の集会に参加したり、何らかの形で創価学会の「折伏《しゃくぶく》」を受けたりしたことのある人は延べで一〇〇〇人以上になるそうだが、実際に続けて実践している人はあまり多くないという。

ブルキナファソは周辺国に比べて創価学会の勢いはやや劣る。聞くところによると、コートジボワールやトーゴでは法人として登録済みで、ガーナでは二〇一三年八月に国立劇場を貸し切った西アフリカ総会が開催された。創価学会のサイトを見ると他には南アフリカに支部があるようだ。

ブルキナファソの創価学会の集会所には当然「御本尊」があるが、これをブルキナ人の学会員はそのまま「ゴホンゾン」と呼んでいる。日蓮正宗富士《ふじ》大石寺《たいせきじ》第二六世法主の日寛上人が書いた「南無妙法蓮華経」の御本尊。日本から空輸してくれるのだろうか、日本の創価学会のそれとなんら変わらない。

集会所の中に入り、御本尊を前に勤行を続ける四人の後ろで椅子に座り、僕は題目を唱えずにアフリカ人の口から繰り返し溢れる「南無妙法蓮華経」のなか「ゴホンゾン」を見つめる。勤行は一〇分くらいで済むこともあれば一時間かかることもあるらしい。

御本尊を見つめ、アフリカ人が唱える「南無妙法蓮華経」を聞き続けること約二〇分、経文の読誦《どくじゅ》が始まった。彼らのうちの一人からアルファベットで読み仮名が付けられた経文を手渡された。「あなたは読まないんですか？」と目をやると、彼は「全部暗記しているから必要ない」ようで、御本尊に合掌し、目を閉じたまま経文を諳《そら》んじてみせた。

勤行の後は座談会。池田大作名誉会長の著書の一節をテーマに人生論や哲学を話しあう。取り仕切るのは事務局長のサリフ・コンパオレさん。一四年前から学会員。子供は一人が学会員であとはキリスト教徒、入会する前から結婚していた妻は創価学会の集会に顔を出すことはあるもののイスラム教徒。入会する時「妻から特に反対はされなかった」らしい。とても多宗教な家族だが、家族内で宗教が違うのは、ブルキナファソでは決して珍しくない。

――ブルキナファソの学会員は日本に行かれることはありますか？

「ええ、そうですね、頻繁には行きませんが、行くこともあります。例えばブルキナファソの代表は、もうすぐ、創価学会の新しい本部施設の竣工式に出るために一一月一八日に日本に行きますよ」

彼は聖教新聞やグラフＳＧＩ、フランス語で作られた小冊子などを持ってきた。

仏語版の創価学会冊子

――聖教新聞はどう配達されるのですか？　定期的に届くのですか？

「これは、ここで何かアクティビティをした写真を本部に送って、それが新聞に掲載されると本部が送ってくれるんですよ。日本語は読めないですから定期的に届くわけではありません。何かあると送ってくれます。グラフSGIは毎月届きます。日本語だけじゃなく英語でも書いてありますからね。どうぞ。よければ差し上げます」

なるほど。定期的に届くのはグラフSGIだけで、さすがに聖教新聞の定期購読はしていないらしい。雑談もそこそこに池田名誉会長の著書の一節がプリントされたもの（もちろんフランス語）が配られ、これをテーマに議論をする。プリントには日蓮のことがローマ字で「Daishonin／ダイショーニン」と書いてある。

「つまりですね。身の回りの困難に勝利しなければいけないんですよ。自分の周りにある困難、課題に自分から取り組まなければいけない。困難に立ち向かって勝利すること、仏教のコンセプトは勝利です」

「仏法は勝負だ」。アフリカでも創価学会の雰囲気は変わらない。勝負と言っても、要するに「他人への勝利」ではなく「自分自身（の弱さ）に負けないこと」が重要なようだ。かつてカトリックだったアフリカ人学会員はこう言う。

「私は二〇〇九年までカトリックでしたが、彼（同席している一人）に勧められて創価学会に入りました。なぜかというとですね、例えば、苦しいことがあるとします。それをカトリックでは『神のおぼしめし、神様が課した困難』と言って、そのまま、そのままの状態で生きるように言うんです。そうすれば死んだ後に天国に行けると。つまり苦しいままなのです。創価学会に出会った後は、それじゃダメだと、自分自身の困難は自分自身で立ち向かって乗り越えていかなければいけないと考えて生きるようになりました。勤行をすることによって、苦しみに、困難に立ち向かう勇気が湧いてくるんです」

さらにこんなことも。

「自分自身の周りで起こることはすべて自分に責任があるんです。自分の不幸を他人のせいばかりにしてはいけません。仏教の教えは、あらゆる物事には原因があり、結果があるという教えです。他人を責めていてはいけないのです。自分が変わり、そして相手を変えていく。これが『ヒューマン・レヴォリューション（人間革命）』です」

「キリスト教やイスラム教は『私は神を信じます、信じます。だから神様、私を助けてください』。そういうだけで、自分で努力をしてなにかを克服するというのがないんです。仏教はそうではありません。自ら勝利する努力をして、生きていこうというのが仏教です」

座談会の途中で「ウエノさんは仏教なのですか？」と聞かれた。

——いや、僕は仏教ではないですが、一応、日本人なので、自分としては神道かなと思っています。まあ、アニミズムの一種です。

「ああ、シントーですね。シントーは確か仏教とは違いますね？　そうだ、シントーと言えば、『カミフダ』を知っていますか？　マキグチの時代に時の政府が我々に押し付けたんです」

戦時下に神宮大麻《じんぐうたいま》を拒否して創価学会初代会長の牧口常三郎《まきぐちつねさぶろう》と戸田城聖《とだじょうせい》が治安維持

法違反により逮捕され、入獄した事件だ。高齢の牧口はそのまま東京拘置所で獄死してしまった。かつての日本政府が戦時下に日本人に対して行ったことをアフリカ人が「我々に」と表現する。確かにこの事件を創価学会の受難の歴史と考えればアフリカ人学会員が「我々」と言うのは当然だが、それにしても、こんなところ（ブルキナファソ）のアフリカ人がそんなことまで知っているのには驚嘆する。

座談会では他にも、「僧侶と我々は違う」というような軽い僧侶批判や、大乗仏教と上座部仏教の違いの説明などがあって、四〇分くらいで終了した。座談会の後、「最後に南無妙法蓮華経を三回唱えて終了します」と、一緒に三回題目を唱えて終了した。

アフリカで広宣流布

「宗教儀礼」は宗教社会学の見方からすると、「行《ぎょう》」と「祭儀《さいぎ》」に分けることができる。前者が一人で行う瞑想や座禅などで、後者が大勢で集まって行う集団祈禱やパフォーマンスを指す。この集団で行う「祭儀」により、参加者に集団意識が働き、個人と個人の間に「共感の回路」が見いだされ、結果、教団の凝集性を高め、信者の間の連帯感が高まっていくという。要するに「一人でなにかをするよりもみんなで一緒に何かをした方が楽しい」ということだ。

自宅での座談会に参加した翌週、全体の集会に参加した。ブルキナファソの創価学会は恒常的な「会館」は所有していないので公共の施設で集会を行っている。会館がないので集会で勤行に使う御本尊はどうするのかというと、集会前に会場に運び込んで、集会後は撤収し、普段は会員の自宅で保管しているそうだ。

部屋では一〇人程のアフリカ人学会員が熱心に題目を唱えている。創価学会の（日蓮正宗の）教えによると題目をひたすら唱えることが最も重要な実践だ。「南無妙法蓮華経」を繰り返しひたすら唱えること約三〇分、徐々に参加者が増え始め、最終的に二〇人ほどになった。壮年部の集会よりも多人数だが、真光の月次祭《つきなみさい》よりも数が少ない。

勤行が三〇分ほどで終わると座談会が始まる。前方に置かれた椅子に青年部長が座り、今日のテーマ「良い運命」について、池田大作や戸田城聖の言葉を引用して発表を行い、それについて参加者が議論していく。

「とにかく『南無妙法蓮華経』を唱えることが何より大事なんだ。それが良い運命に繋がっていく」

「戸田先生や池田先生もたくさん苦しんだけれど、精神的に強かったから多くの人生

「ゴホンゾン」

勤行の様子

の困難に打ち勝ったんだ」

「『良い運命』とはこの座談会のことだ。ここから創価学会が生まれたわけだし、創価学会の結果がこれでもある」

「困難は、不幸などではなく、幸福へ向かうもの」

議論は約一時間半続いた。日本の座談会でもありそうな日常生活や人生の意義のようなテーマを、池田大作や戸田城聖の言葉をもとに話していた。

最後、全員で学会員らしいこんな掛け声をして集会は終わった。

「ウィ……ウィル……ファイト……フォーセンセイ!(先生の為に戦うぞ!)」

僕の隣に座った男性は時折発言をしながら、持ち込んだノートに議論の内容を熱心にメモしていた。一時間半で一ページびっしり埋まったノートを横からそっと覗くと、上に大きく、一一月三日という日付の横に青いインクで「Kosen Rufu(広宣流布)」と書いてあった。

アフリカで宗門批判

創価学会は度重なる宗門《しゅうもん》の批判をしたことで、日蓮正宗から破門されている。僕は日蓮正宗のお坊さんも創価学会員も知り合いにいるが、お互いの悪口しか聞いたことがない。しかし、アフリカではどうなのだろう。もしかしたらアフリカ的な寛容さで「宗門も学会も同じ仏教者。仏教の基本は和合です」とか言うのかもしれない。月初めの全体集会に参加した後、思い切って宗門との関係も含め、いろいろ詳しく創価学会の話を聞きたいと事務局長に申しこんだ。

「もちろんだよ。我々にとっては普通のこと、なんでもないことだ」

快くインタビューをOKしてくれたので、全体集会の翌日夜に壮年部の二人と待ち合わせた。一九九九年に入会したブルキナファソ創価学会の古株、事務局長のコンパオレさんとジダさんだ。二人は創価学会ブルキナファソ地区部長のサワドゴ氏の折伏で一九九九年から創価学会で信心している。

いきなり「日蓮正宗をどう思いますか?」と聞くのも気が引けるのでこう聞いた。

――仏教にはいろんなグループがあると思うんですが、他の宗派や教団は知っていますか?

「ええ、知っていますよ。そもそも、創価学会は宗門から分かれた組織ですからね」

コンパオレさんは遠慮していた僕をしり目に宗門と創価学会の話をスラスラ続けた。

「ええっと、当時の宗門の代表はアベ・ニッケンですね。ニッケンは僧侶による支配を目指していました。しかしながら、ニチレンダイショーニンはそんな『僧侶による支配』だなんて一言も言っていないのですよ。それなのにニッケンは在家信者を僧侶の意のままにコントロールしようとしたんです。そのため、今は在家と僧侶との間に溝があります。なぜかと言うとニッケンはお布施を独り占めにしようとしたんです。創価学会は牧口の時代からお寺に依存せずに発展してきたんです。それなのにニッケンは、在家は寺に従えと言うだけでした。だから、池田先生が在家は在家として宗門と分離してやっていこうと出発したんです。ニッケンは代表を辞任しましたが、代表が変わってもなにも変わりません。ええっと、今の代表は誰だったかな」

すかさずジダさんが、「ニチニョだ」と口をはさむ。

「そうそう、ニチニョになっても何も状況は変わりません。そしてニチレンダイショーニンの教えは僧の在家に対する優越ではありません。そもそも日蓮の教えが発展したのは、在家のおかげなんですよ、SGIが海外布教を始めたんです。アメリカへ、ブラジルへ、日蓮の教えのままに、池田先生はいろんな国に教えを広めてきました。しかし、僧侶は富に執着しています。金儲けしか考えていません」

——富に執着している、そうですか……。

「ええ、そうです。例えば死者が出ると、高い費用のかかる儀式をして金儲けをしようとする。豊かになることしか考えていません。ニッケンは全てをコントロールしようとしています」

なぜアフリカ人が日本のいわゆる「葬式仏教」を知っているのだろう。

「確か一九九九年のことでしたか、彼らはお寺の正本堂《しょうほんどう》を壊したんです。正本堂とは、ま、要するに寺の大切な建物ですよ。それを『創価学会によって建てられた建物だ』と言って日蓮正宗は壊したんです」

日蓮正宗富士大石寺の正本堂は一九七二年に創価学会員を主とする多くの日蓮正宗の信者の寄付で建設された。総工費三五〇億円という莫大な金額を費やして建てられた建物だったが、創価学会破門後一九九八年に五〇億円をかけて解体された。しかし、本当によく知っているなと感心する。

「『ダント（檀徒）』はあらゆるところで創価学会を攻撃しています」

――でも、日蓮正宗の檀徒はアフリカにいる日本人にもきっといるでしょうが、単純に信者だというだけで、アフリカで布教活動なんかやっているのですか？

「いやいや、とんでもない。日蓮正宗のダントたちはアフリカにもいて活動しています。ニッケンは代表をやめましたが、なにも変わっていません。彼らはアフリカでも根を下ろそうとして、創価学会を攻撃しようとしています。確かガーナではお寺を作っていますよ」

ガーナを訪問した日如法主：日蓮正宗公式ホームページより

「日蓮正宗がアフリカで布教活動をしている」。気になって調べてみたら、驚いた。確かに日蓮正宗はガーナにアフリカ大陸初で唯一の寺院「法華寺」を建設している。さらに二〇一三年九月には日如法主が落慶一五周年を記念してガーナを訪問し、法要も行っている。

「確か、今年の九月には日蓮正宗の僧侶がガーナに来ましたね。彼らはここアフリカでも人々の道を誤らせようと、ダントを得ようと活動をしています」

彼はフランス語の「Corrompre」という動詞で日蓮正宗の布教活動を表現する。「道を誤らせる」と訳したが、もっときつい表現では「堕落させる」とも訳せる。

――でも、日蓮正宗はブルキナファソには来ていないですよね？

「ええ、ブルキナファソには来ていないはずですよ。だって、もし来ていたら、私たちが知っているはずですからね（笑）」

そのセリフからは「彼らが来ても絶対に我々は負けない」という自信と、「決して彼らに我々の邪魔はさせない」という覚悟が読み取れた。

日蓮正宗とガーナ

ガーナにある日蓮正宗のお寺は「闡明山法華寺」という。一九九八年に落慶されたと先に書いたが、落慶法要においては式典を執り行うため入国しようとした日顕法主の入国のビザが出発直前に突然取り消されたという事件が起こり、法華講機関紙の大《だい》白法《びゃくほう》は「魔」や「外部」、「悪質な嫌がらせ」という辛辣な言葉で在日ガーナ大使館へ創価学会からの介入があったことを仄《ほの》めかしている。

ガーナにおける日蓮正宗と創価学会の出来事を時系列順に調べてみた。

一九七四年　ガーナに日蓮正宗の僧侶が初来訪

一九八四年　創価学会会館設立
一九九一年　日蓮正宗海外部設立、創価学会に対する海外布教一任を廃止
一九九二年　創価学会破門
同　年　日蓮正宗、ガーナで宗教法人として登録
一九九八年　法華寺が建立。落慶式（約一〇〇〇人参加）
二〇〇〇年　法華講ガーナ支部結成
二〇一三年　創価学会インターナショナルの西アフリカ総会開催（一二〇〇人参加）

一九九二年、創価学会破門と同時に日蓮正宗がガーナで法人認可されているが、きっとこの時にガーナでも宗門と創価学会の間で信者の取り合いのようなことが起こったのだろう。しかし、日蓮正宗はそもそも一九九一年まで海外布教を創価学会に一任してきたので、一九九二年当時のガーナ人日蓮正宗信徒は元々創価学会から日蓮正宗の布教をされてきたということになる。

これを創価学会に言わせれば、「そもそも創価学会がゼロから日蓮正宗の海外布教を担ってきたのに、後から宗門が良いところだけを奪った」となるのだろう。確かに

その通りだが、宗門にすれば「そもそも創価学会は日蓮正宗の信徒団体なのだから奪ったどうこうの話ではない」となるのだろう。難しい話だ。

二人の話を聞いてガーナの日蓮正宗のお寺が気になり、僕はさっそくガーナまでの航空券を買った。

ガーナ到着、まずは創価学会へ

二〇一四年二月、ガーナに到着。まずは創価学会の会館へ向かった。

会館の大きさはアビジャンの真光の道場よりもやや小さいくらいだが、十分立派。門を開けると、気配を察したのか、四〇代くらいのガーナ人男性が一人出迎えてくれた。建物の中、待合室に入ると男性は受付簿のようなものを取り出して、僕に記入を促した。

「責任者が今の作業を終えたらご案内します」

――わざわざすみません。ありがとうございます。

「ところで、創価学会のことはご存じなんですか？」

――はい。もちろんです。日本でとっても有名ですからね。

「これがダイサク・イケダ・センセイです。世界中で最も世界のことを考えている人

創価学会ガーナ支部

ですよ。見てください。これはセンセイがネルソン・マンデラやワンガリ・マータイと面会した時の写真です。そしてこちらはアフリカ各国の国連大使とセンセイの集合写真です」

彼は、日本語の「先生」をティーチャーでもマスターでもなく、「センセイ」と言った。しばし壁に貼られたポスターの解説をしてもらいながら談笑していると、責任者の作業が終わったようで別の職員から奥の部屋へ入室を促された。入ってみると責任者は女性だ。五畳ほどの部屋の壁には池田大作名誉会長とその妻の写真が飾られている。

「コンニチワ〜!」

責任者の女性は一〇年前に一年間創価大学に留学していたそうで、日本語を少し操る。ただ聞くことはできるが、話すのはあまり得意ではないという。

「ウエノさんは創価学会員ですか？」

――いや、僕は創価学会員ではありません。

「ああ、そうですか、では、ウエノさん、ぜひ創価学会に入ってください！」

会うや否や、アフリカ人学会員から「創価学会に入れ」と言われる。考えてみたら創価学会員からの折伏らしい折伏を受けたのはこれが人生で初めてだ。

その後、二〇分ぐらい創価学会の教義について話をしてくれた。「蓮華経には人生が幸福なものになるためのエッセンスが入っている」と説明され、「Nam Myoho Rengekyo」と書かれた名刺大のカードを渡された。カードには連絡先が書き込めるような空欄がある。どうやら人にこれを渡して勧誘するための折伏カードのようである。

――日本人の常駐職員はいないのですか？

「いないですね。たまに出張で短期の方が来たりはしますが、職員はみなガーナ人です。ガーナに住んでいる日本人の方に学会員の方はいるでしょうが、まあ、みなさんアクラにお住まいではないですし、わざわざ来たりはしないですね」

創価学会の人が短期で出張に来て一緒に勤行に出たりすることもあるけど、在留邦人の創価学会員は基本的に来ない。創価学会が現地に根付いている証拠だ。

「じゃあ、せっかくいらしたんですから会館を見学しますか？　申し訳ありませんが、セキュリティの観点から写真撮影は禁止ですが、ご案内します」

会館の中は勤行用の大部屋が三つあって、一番大きい部屋は二〇〇人程度は収容可能に見えたが、なぜか御本尊が置かれず大きなスクリーンが置いてあるだけだった。会館の通路には聖教新聞の記事が貼られ、ガーナのマハマ大統領と原田創価学会会長が面会した時の写真が紹介されている。建物全体としてはところどころ薄汚くなっているところがあるものの人々が整備しながら大切に使っている印象が見てとれた。「この会館は三〇年前からあります」というから驚きだ。

見学を終え、帰り際に日蓮正宗の質問をした。

――ブルキナファソの創価学会の人から、ガーナにお寺があると聞きましたが、本当ですか？

「……ええ、知っています。彼らの言うとおり、ニチレンのお寺はありますよ。それは本当です。で、あなたはそこに行きたいんですか？　ひとつだけ言っておきますけどね。要するに、ここ（創価学会）にいればいいんですよ。せっかくここに来たんだから。お寺のことは知らなくていいんです」

――では、行く必要はないということですか？

「そうそう、お寺はニードレス・トゥ・ゴー（行く必要はない）です。行ってもね、きっと混乱するだけだと思いますよ。お寺はあなたの助けになってなんかくれません。まあ、もし仮にあなたがお寺から来た人（法華講員）だとしても、私は創価学会に入りなさいって勧めます。でも、あそこは別に行く必要のない所です。日蓮大聖人の教えを正しく実践しているのは我々ですからね」

決して強い憎しみを込めている口調ではないが、つらつらと宗門に対する批判をするガーナ人学会員。やはりブルキナファソの学会員と同様、宗門は嫌いなようだ。

アフリカ人法華講員

「おはようございます、ウエノさんですね？　はじめまして。セリオといいます」

創価学会の会館に行った翌日の朝、僕をホテルに迎えに来たのはセリオさん。三四歳、トーゴ人の日蓮正宗信徒だ。トーゴ人なのでフランス語が喋れる。今日一日、英語が苦手な僕のガイドをしてくれる。

彼は日本人が経営するガーナの観光会社で働いている。「ガーナに行ったら日蓮正宗のお寺に行きたい」と漠然と思ってはいたものの、場所や連絡先がよくわからなかったので、ガーナにある日本人経営の観光会社にお寺の見学手配とフランス語のできるガイドを頼んだら、たまたま「フランス語ができる従業員が彼しかいない」と彼があてがわれたのだ。運がいいと言うかなんというか、偶然というものはとても怖い。

「お寺へは一五時に行くことになっています」

無事に日本の観光会社がガーナ日蓮正宗の法華寺への訪問をアレンジしてくれた。初めは全くつてがない取材だったので安心した。

セリオさんにいろいろと質問をしてみる。

――セリオさんはどうして日蓮正宗に入信したのですか?

「学生の頃にチベット仏教の本を読んだことがあって、それで仏教に興味が湧きました。キリスト教には矛盾がありました。例えばキリスト教では『神が人を作ってその運命を決めた』と説きますが、では、神が人の運命を決めたのなら、どうして生前の行いを死後に裁かれなければならないのでしょうか。これは矛盾ですね。その点、仏教は完璧ですから。それで、トーゴの日蓮正宗のセンターに行って、日蓮正宗の信徒になりました。トーゴにはお寺ではないんですが、在家の日蓮正宗のセンターがあるんですよ。確か一九九八年の頃です」

――在家のセンターというと、それは創価学会ですか？

「いや、創価学会じゃなくて日蓮正宗のセンターがトーゴにもあるらしい。初耳だ。他にもコートジボワールやコンゴ、またナイジェリアにもあるとのこと。そこに日本人の職員はいないらしく、みな現地人で運営しているという。創価学会との仲はどうなんだろう。「トーゴでは創価学会との関係はどうなのですか？」と聞くと、さらりとこう答えた。

「うーん、特に関係ないんじゃないですかね。向こうは向こうでこちらはこちらでやっていますから。私が入信した時（一九九八年）は破門（一九九二年）から数年たっていましたが、その時はまだ話し合いをしていたりしました。私も話し合いに参加したこともありましたし、創価学会の友人もいました。ただその友人は元々熱心じゃなかったのでもうやめてしまったと思います。まあ私が入信した時期から徐々に別々に活動をするようになっていったんだと思います」

とくに悪口は言わず、とても淡々と創価学会との関係について話す。「関係は悪いんですか？」と聞くと「関係は特にないです」と言うので、トーゴではもうお互いに干渉していないんだろう。

――今日行くお寺にはアフリカ人の僧侶はいますか？

「いないですね。日本人の僧侶だけです」

――でも仏教っていうのはユニバーサルな教えですよね。日本人だけのものではないわけですから、ちゃんとアフリカナイズした方がいいのではないですか？

「まあ、確かにそうですけど、アフリカ人が僧侶になると嫌なのは、日蓮の教えを勝手にアフリカ的に解釈してしまうんじゃないかなっていうことなんですよ。やっぱり日本人でないと正しく伝えられませんよね。それに日本は仏教がしっかり根付いた国ですから、アフリカよりも仏教的な考え方が根付いているはずです。私はそういう国の人から直接学びたいんです。まあ、これからですね。将来アフリカ人で僧侶になる人が出れば、それは嬉しいことですが、これからのことです」

後から聞いたが、得度するには日本語を理解できるという条件があるらしい。確かに何でも正しく理解するには原典講読が必須だが、立正安国論や歓心本尊抄《かんじんのほんぞんしょう》の原典講読はアフリカ人にはハードルが高すぎる。けれど、日本で独自の発展を遂げた仏教だって、初めから日本人が自分だけで作り出したわけではない。初めて日本に仏教を伝えたのは百済《くだら》の渡来人だったし、その後も唐から鑑真が渡日したり、空海や最澄が唐で仏教を学んだりして日本の仏教は発展したわけだ。今は日本人の僧侶が必要だったとしても、アフリカ人の僧侶だってこれから何十年かたてばきっと出てくるだろう。

日蓮正宗ガーナ・アクラ闡明山法華寺

さて、いよいよお寺の訪問だ。市内からタクシーで一五セディ（七〇〇円）を払い郊外へ向かう。丘陵に家がへばりついている風景を見ながら約三〇分、地元の人が「FAN MILKのジャンクション」と呼ぶ交差点を抜け、「シルバーイーグル」というホテルの看板を過ぎると、日蓮正宗闡明山《せんみょうざん》法華寺が現れた。

「どうもこんにちは。上野さんですね、お待ちしていました」

僕の乗った車が門の前に止まると、法衣を着た一人の日本人僧侶がわざわざ門を開けて出迎えてくれた。ここの住職を務める加藤さん（三八歳）だ。

加藤住職は二〇〇九年からここ法華寺の住職としてガーナに住んでいる。「二〇〇〇年代初頭にも数年赴任していましたが住職としては二〇〇九年からです」とのことだ。

住職の他にも中沢さんという二九歳の僧侶がもう一人いて、二人三脚でお寺の運営をしている。門の中に入ると加藤住職の奥さんと五歳になる息子さんも迎えてくれた。アクラでは週末に在留日本人会の日本語補習校があるそうだが、やはり、僧侶という仕事の性質上、土日が最も忙しいそうで、「補習校にはなかなか通わせられないんですよね」と残念そうに語る。

加藤住職はガーナ以外にも信徒のいる国に出張することもしばしばで、ガーナに赴任してからベナン、ナイジェリア、トーゴ、南アフリカ、コンゴなど、様々な国に行ったそうだ。英語はしっかり習ったことはないそうだが、今ではガーナ人信徒の前で英語の説法もできるくらい流暢だ。けれど、「まあ説法は原稿を読むだけですから」と謙遜《けんそん》気味。

挨拶も早々に「どうぞ、こちらへ」と促されるまま本堂の建物の中に入ると、入口の壁に貼られた大白法やお供え物用に積まれたパイナップルやオレンジ、恭《うやうや》しく掲げられた日如法主の写真が見えた。

「こちらが本堂です。普通に椅子を並べたらだいたい五〇〇人くらい入りますが、ぎゅうぎゅうに詰めたら一〇〇〇人は入りますね。明日は法要があるんで、毎週土曜日に掃除をしてこうやってイスを並べるんですよ。丁度来週にここの一六周年記念行事があるんですが、アフリカ各地の信徒さんが来て各地の出し物とかをするので、いろいろ見るものもあるので来週来ていただけたら楽しめたんですが、もったいなかったですね」

日蓮正宗ガーナ闡明山法華寺の外観

勤行の様子：日蓮正宗公式ホームページより

三三三坪の本堂にはプラスチック製のイスが五〇〇脚整然と並べられている。日曜日の法要のために毎週土曜日にセッティングをするらしい。想像していたよりもずいぶん大きい本堂である。アビジャンの崇教真光の道場よりすこし奥行きがある。本堂の両側には大きなスピーカーが、天井には扇風機が設置されている。正面には黒地に金色で「南無妙法蓮華経」が書かれた豪華な御本尊がある。日蓮正宗独自の仏像のない仏壇。高さは台座も含めれば二メートルはあるだろうか。日蓮が弘安五年（一二八二年）に没してから七〇〇年、仏法が広まることを「広宣流布《こうせんるふ》」と言うが、さすがの日蓮も広宣流布がアフリカにまで到達することになるとはきっと思っていなかったろう。

本堂の隣の部屋は宿坊のように使われており、丁度明日の法要に参加するために来たコートジボワール人信徒が寝ていた。

本堂を出た壁には日蓮正宗の海外布教マップが貼られている。マップによるとアフリカで信徒がいるのはベナン、トーゴ、コートジボワール、コンゴ、南アフリカ、ナイジェリアなど。なかでもガーナはアフリカで最も信徒数が多いそうで、アフリカ全土に四八〇〇人いる信徒のうち二八〇〇人がガーナ人だそうだ。一九九八年にお寺ができた頃は四〇〇人程の信徒数だったが、家族、友人を勧誘していくという草の根布教で信徒は着実に増え、二〇一三年にはなんと日蓮正宗の現法主がガーナへ来て法要をするまでになった。

他にも「トーゴも信徒さんが頑張ってくれているので、トーゴも結構多い」し、コンゴにも信徒がすいぶんいるそうで、キンシャサへ出張に行くことも何度かあるとのこと。

——でもどうしてこんなに日蓮正宗の信徒さんがガーナにいるんですか？

「創価学会ってご存じですか？　まあ元々創価学会の布教があって日蓮正宗が広まって、それで創価学会と日蓮正宗が分かれたときに、池田大作さんのやり方を不審に思ったガーナ人信徒さんのリーダーがいまして、その方が信徒さんと一緒に大勢でお寺に戻ってきてくれたんですね。そういう経緯があります」

——ではその人がほとんどの信徒さんをお寺に連れて来たということですか？

「いや、まあ、もちろん創価学会に行った人もいますよ。でもそのリーダーが人望があった方だったんですね」

やはり創価学会側の立場からすると「学会が布教したところを宗門に持って行かれた」ような状況らしい。

日蓮正宗の僧侶が「まず初めに創価学会の布教で信徒が増えた」と「創価学会」の

名前をはっきり言うので少しびっくりしたが、創価学会についてはそんなにタブーではないのか、「ところで上野さんは創価学会の方ではないですよね？」と冗談なのか本気なのかよくわからない質問もされ、お寺の訪問が終わってコーヒーを飲みながら話をしている時、「ブルキナファソにも創価学会の人がいますよ」と言うと、苦々しいというか残念そうな口調でこんなことを言われた。

「まあ創価学会の方はどこにもいますからね……特にコートジボワールは多いですよ。以前コートジボワールに行って向こうの信徒さんとホテルで集会をしている時に押しかけて来て、まあ、嫌がらせをされたことがありまして、あの時は混乱しました」

――え？　それはつまり、アフリカ人の学会員が嫌がらせに来るわけですか？

「ええ、そうです。創価学会の考えに付いて行っているアフリカ人学会員の方々ですね」

アフリカで、アフリカ人の学会員がアフリカ人の日蓮正宗信徒の活動を妨害する。「日本人の学会員がアフリカまで追いかけてきて宗門の海外布教を邪魔する」方がまだ想像できるが、やはり悲しいことに、日蓮の教えと共に日蓮正宗と創価学会の不和までアフリカに広宣流布されているようだ。ちなみにコートジボワールでは一九九〇年に創価学会の支部が設立されており、設立当初二〇〇人だった会員が、今では三万人に達するらしい。

――でも、どこのホテルでミーティングをしているとか、創価学会の方もよくわかりますね。

「まあ結局ですね、政府の要職に創価学会の人が多いですから、こちらの情報をよく知っているんですよ」

「政府の要職に学会員がいる」……これもまた、ずいぶん日本のような話。これが全てアフリカでのエピソードだということに改めて驚く。

話をお寺の訪問に戻す。

寺には日本のように小学校や幼稚園も併設されている。近所の住民の子供が五〇人程通うという。信徒だけではなく近隣の住民の子供が通ってくるらしい。寺の裏口に面して信徒さんが経営するレストランがある。

寺に併設された幼稚園や小学校、そして信徒に整備されたお寺の周囲。遠いアフリカの地ガーナにもいわゆるお寺と檀徒さんの日本的な昔ながらの朗らかな関係があることがわかった。寺の経営も少しは総本山からの支援もあるが、基本的には地元の信徒さんのお布施《ふせ》が財源だそうだ。また、信徒が亡くなると葬式も仏式で行うそうで、加藤住職がアクラ以外にも信徒の住む地方まで葬式をあげるため出張に行くこともある。

見学の後、寺務所の接待室に通されて、色々と話を聞く。

「今何か本を書かれているんですよね？　どういうことをお書きになっているんですか？」

——アフリカ人の宗教、信仰心についてなんですが、アフリカにとって新しい宗教を信仰するアフリカ人の信仰心について調べながら本を書こうと思っているんです。アフリカ人は結構信心深い人が多くて、哲学的な真理を追い求めている人が多い気がしていまして、それで聖書の記述の矛盾とか、キリスト教やイスラム教のような既成宗教の説明で納得しない人が、日本から来た新しい宗教に新しい答えを見出して、新しい宗教の方に向かっていくのかなと、そう思います。

そう言うと加藤住職は「ああ、なるほど」とうなずいたが、「私の考えは少し違ってまして」と、こう続けた。

「やっぱりまだまだこの国も貧しいですから、みんなどうやったらこの貧しさから抜け出せるかっていうのを考えていますよ。こっちの人は宗教に入って豊かになることしか考えていない気がします。それで、仏教徒になったら貧しさから抜け出せるんじゃないかって考えてお寺に来る人も多いんですよね。でも、そういうのはやはり間違ってますから。だから私たちも、新しく信徒になる方に対して、このお寺に来たからって、急に豊かになんかならないですよって教えます。物事には因果というものがあって、奇跡なんかない。原因と結果ですから。でも、やっぱり御利益信仰みたいなものが動機で入ってくる人がほとんどだと思いますね。哲学的なことまでたまに考えている人もいるけれど、少ないと思います。この国はよく言われる〝貧・病・争〟というものが多いですからね。『この宗教に入れば何かいいことがある』と思って入ってくる人は結局裏切られたら元の宗教に戻ってしまいます。『うちの宗教に入ればお金持ちになれますよ』とか言いながら布教するのはね。やっぱり間違っていますよ」

御利益信仰で入信してくる人がほとんど。僕の考えとは少し違うが、宗教家としての四年間の経験がそう言わせるのなら、それは正しいのだろう。

——その仏教的な「因縁生起」の考え方を教えることで、本人が豊かになる努力をすれば、それでいいわけですからね。

「ええ、そうですね。そういうことです」

——ブルキナファソに真如苑の信者がいるんですが、真如苑も一応仏教ですから、「キリスト教やイスラム教は神様にすがるだけだが、仏教は自分で努力して人生を変えていかなければいけない」とその人も言っていました。

「ええ！　ブルキナファソには真如苑があるんですか？」

――ええ、真如苑自体が活動しているわけではないのですが、真如苑の信者はいます。昔ブルキナファソに在住していた日本人から教わって広まっているみたいですね。


お寺の訪問の後、加藤住職の運転で市内まで送ってもらった。車窓から映るアクラの風景は、同じ西アフリカなのにブルキナファソとは比較にならないくらい発展している。特に街中の高層ビルが乱立する界隈は、写真だけで見たら米国フロリダ州の黒人が多い地区と言われても分からないくらいだ。ただ、この発展もここ数年来でしかないらしく、寺から街へ向かう道も数年前までは未舗装の凸凹道《でこぼこみち》で雨が降ると通れない程だったそう。

「ここまで来るのに以前は三時間かかったんですよ。昔は一車線しかなかったですから。ひどい渋滞で空港に行くのにも昔は四時間かかりましたが、今は一時間あれば行けます。見てください。あの綺麗なマンションなんか月三〇〇〇ドルだそうですよ。一〇年前は高い建物なんか一つしかなかったんです。ここ数年で、ガーナも本当に変わりました。一〇年前とは比べられないくらい発展しましたよ。まあ、発展して豊かになっただけ貧富の差も増えて、性格もきつくなったっていうか、なんか人々の心も荒《すさ》んできましたね……」

一〇年前から宗教家としてガーナでアフリカ人の心に触れる生活を続けてきた加藤住職の目には、人々の心が荒んできた様子がよく見えるのだろう。

「まだまだ普通のガーナ人は日蓮正宗というか仏教自体を知らないですよ。やっぱり仏教っていうのはこっちの人にとって異質な宗教ですから。お寺の近所の人も、なんかインドとか中国とかの映画の影響で、『あそこは信者の生き血を吸っているんだ』とか『人が空を飛んでいる』とか昔は思ってたみたいで、僧侶のイメージがそういうものだったんですね（笑）。まあ、最近は近所の人にはようやく分かってもらえるようになりましたけど、やはりちゃんと浸透していくにはまだまだ時間がかかるでしょうねえ……」

加藤住職は「まだまだ時間がかかる」と言うが、滞在中にホテルで出会った日本人バックパッカーに「今日は日蓮正宗のお寺に行った」と言ったらこんなことを言われた。

「ああ、なんかお寺があるらしいですね！　ケープコースト（ガーナの地方都市）でたまたま会ったリベリア人が日蓮正宗の信徒らしくて、『アクラに行くなら日曜日にお祈りがあるから来ないか？』って誘われたんですよ。本当かなって思ったんですけど、質問したらちゃんと知ってる感じでしたね」

日本人が西アフリカを旅行中にリベリア人の日蓮正宗信徒に偶然出会うくらいだから、徐々にではあるが着実に広宣流布は進んでいる。

学会員はアフリカの仏教者

僕の大学時代の友人に、高校の時に自分の意思で創価学会に入会したという男性がいる。現在の日本の若い世代の学会員は「学会の家に生まれたから自分も学会員」という人が大半だから珍しいケースだろう。ちなみに彼は僕が初めて（学会員だとカミングアウトされて）知り合った学会員だ。入会したいきさつをあまり深く聞いたことはなかったが、「辛い時にどう生きていくかを教えられた」ということを言っていた気がする。

ブルキナファソの学会員は、支部の誕生すら二〇〇八年なのだから、僕の友人と同様にほぼ全員が「自分の意思で入信した」ケースだろう。創価学会に入ったことでどう人生が変わったのか、そもそもなぜ創価学会に入会したのか、自分の意思で入会した以上は、そこには何らかの哲学があるはずである。いろんな疑問をぶつけてみた。

「もし、創価学会に出会っていなかったら、そうですね、今の自分はなかったでしょうね。スートラ・ド・ロータス（法華経）の教えを実践することで自分自身が発展していった。そんな気がします」

ブルキナファソ創価学会の古株、コンパオレさんとジダさんは「もし創価学会に入っていなかったら？」の問いにそう答えた。法華経はフランス語で「スートラ・ド・ロータス」と言う。直訳すると「蓮《はす》のスートラ」。美しい言葉だ。

――創価学会に入って、人生が変わったということですね。

「ええ、そうです。生きるということについての考え方が変わりました。私は一九九九年にブルキナファソSGIの代表から創価学会を教わりました。初めは別に見向きもしませんでしたが、徐々に哲学が気に入り、仏教の幸福の定義はとても良いものだと感じました。仏教では自分自身が発展して生きていかなければいけないと言います。仏教は苦しみ続けるままではだめだと教え、勇気をくれるのです。私は仏教のおかげで人生に挑戦することができました。他の宗教ではそれを見つけることはできません。入会した時はただのレベルの低い中学校の教師でしたが、今は教育顧問という教師を教育する立場についています。仏教の教えのおかげでここまでの立場に上れたのです」

彼は出世も仏教の教えのおかげだと言い、仏教のおかげで前向きに人生を生きていけると言う。ただ二人とも「創価学会の哲学」というよりも、むしろストレートに「仏教の哲学」と表現する。創価学会は日蓮正宗という仏教宗派の新宗教団体なのだから当然だが、日本では創価学会を仏教だと知らない人すらいるということを考えると新鮮である。

日本では飛鳥時代からの長い仏教の歴史・文化的な素地に基づいて、新宗教団体としての創価学会をやや異質なものを見る目で眺めるが、他方、アフリカでは一切の仏教の歴史・文化的素地がないなかで、仏教団体としての創価学会に出会うと、それが仏教のスタンダードとして理解される。アフリカでは仏教思想にアプローチする機会が創価学会経由以外にあまりないのだろう。

外国で、黒人なり白人なりの所謂《いわゆる》「ガイジン」から「俺は仏教徒だ」と親しげに話しかけられ、驚いてみたら、実はその人は創価学会員で、「え、仏教徒といっても創価学会？　じゃあ、ちょっと違うじゃないか……」と感じたという日本人海外渡航者の経験談がある。しかし、仏教の歴史・文化的素地のない国に生まれた外国人の学会員にしてみれば、そんな日本人の違和感など分かるはずもなく、「創価学会員であるゆえに俺は仏教徒だ」というのは当たり前の感覚なのだろう。

「仏教を一度実践してみるとほかの宗教に行くのは難しいです。なぜならば生《せい》をこんなにはっきり説明している教えは他にありませんから。キリスト教やイスラム教の教えに現れる死後の最後の審判は非常に子供っぽい話です。仏教はアフリカ人の伝統的な信仰と合致しているんですよ。仏教はアフリカでこれからもっともっと信者を増やしていくと思います」

そう言うジダさんは呪術師の家の生まれだ。顔の表面に残るカミソリで付けられた傷跡が、エスニックな通過儀礼を受けたことを物語る。カトリックの中学校に通ったためカトリックの洗礼名をもらったが、カトリックは特に信仰していなかった。「呪術師の家に生まれた」ということは何らかのアフリカの伝統信仰を実践する家柄のはずだが、「創価学会に入る前の宗教は?」と聞くと、なぜか「特に宗教はなかった」と答えた。

――どういう面で仏教とアフリカの伝統が近いんですか?

「例えば、バオバブの木があるとします。仏教ではむやみに切ってはいけないと教えます。なぜなら木は生きているからです。この『自然に命が宿る』というコンセプトがアフリカの伝統的なスピリチュアリティと同じなんですよ、万物のあらゆる要素に対する敬愛ですね。それに加え、(アフリカの伝統宗教と比べ)仏教はより明快に説明されていて、哲学的でより論理的なんです。仏教では死は繰り返すと言います。キリスト教やイスラム教はそうではありませんね。死んだら終わりで、その後に地獄か天国に行くだけなんです。伝統的な信仰も仏教と同じ考え方をします」

「アフリカの伝統宗教に思想が近く、教えが論理的である」とは、驚いたことに崇教真光が西アフリカで勢力を拡大している状況とコンテクストが同じだ。

——日本には創価学会の他にもたくさん仏教の教団があり、例えば『真如苑』という教団があって、これはブルキナファソでも活動しています。一人ブルキナファソ人の真如苑信者が僕の知り合いにいるんですが、『真如苑』は聞いたことありますか？

「なんと言いました？」

——「シンニョエン」です。

「シンニョエン？　それは、ブルキナファソにあるんですか？」

——ええ、ボボジュラソに活動場所があるらしいです。

「ちょっとここに書いてくれますか？」

ブルキナファソにもう一つ仏教団体があることは寝耳に水だったようで、興味津々だ。僕はノートの切れ端にローマ字で「Shinnyo-en」と書いた後、「真如苑」と漢字で書いた。

——真如苑は真言宗という仏教の教えに基づいているそうです。真言宗は確か、九世紀くらいの空海という僧侶が作った宗派です。

「シンゴン……シュウ……。ああなるほど、『シンゴン』ですね！　日蓮大上人も学んだ教えの一つです。日蓮は禅や真言を学んで、それで法華経を説いたんですよ。で、彼らはボボジュラソで活動をしているのですね？　そうですか」

——ええ、ボボジュラソに拠点があるらしいです。真言宗は日蓮よりも古い時代の教えですが、教団ができたのは最近です。伊藤真乗という人が創設者で、今の代表は女性です。彼らと会ってみたら、きっといろんな議論ができるんじゃないですかね。日蓮の教えと共有できる面もあれば違う点もあると思いますが……

「ええ、まあいずれにせよ、いろんな考え方を発見できるでしょうね……」

そう言いながら、彼は笑って、目を輝かせながら僕が書いた「Shinnyo-en」と「Ito Shinjo」のメモ書きを見つめた。創価学会の人に真如苑を勧めるのはなんだか不思議な気分である。日本で同じことをやっても、学会員も真如苑信者も、どちらも双方を素直に認めてくれない気がするけれど、アフリカでは素直に創価学会も真如苑も純粋に「同じ仏教の仲間」だと受け止めてくれる。

日蓮が法華経の教えを説き活躍した鎌倉時代には、親鸞《しんらん》や一遍《いっぺん》など他にも多くの僧侶が多くの仏教の流派を創始して民衆に教えを説いた。「真如苑」に同じ仏教者として素直な興味を示した二人のアフリカ人学会員の反応に触れ、日蓮や親鸞、道元や栄西が活躍した鎌倉時代の日本の民衆もきっと二人と同じような素直さを持っていたのかもしれない、と思った。

いつから日本人は「宗教」を異質な目で見るようになったのだろうか。「宗教」というだけでつい身構える今の日本人は、彼らのように先入観にとらわれず宗教を見る目を失くしてしまっているのではないか。

「君は日本に生まれてよかった。それだけでアドバンテージです。日蓮大上人の教えをそのまま読めるのだから。我々はその翻訳を読まなくてはいけない。君が本当にうらやましい」

アフリカ人の創価学会員に出会って、せっかく日本に生まれたのだし、日本へ帰ったらとりあえず信濃町と富士の大石寺に行ってみるのもいいかな、と少し思った。

文庫版新章

日本に進出するアフリカの新宗教

埼玉県のイスラーム神秘主義教団

まず、本章のタイトルは誤植ではない。『アフリカに進出する日本の新宗教』の増補版に相応しい新章として「日本に進出するアフリカの新宗教」もあるということを紹介したいと考えた次第だ。

紹介するのはセネガルの「ムリッド教団」。ムリッド教団とは、アフマド・バンバという一九世紀セネガルの宗教指導者を開祖とするスンナ派イスラーム神秘主義教団（スーフィー教団）である。一般にムリッド教団が「新宗教」と呼ばれることはないが、教団組織としては近代に成立し、またアフマド・バンバという独自の聖者・開祖を持つという点で、日蓮正宗を新宗教と呼ばずとも、創価学会を新宗教と呼ぶのと同じ理屈により、本稿はムリッド教団を新宗教（新しい宗教運動）とする立場に立つ。

さて、このムリッド教団が日本に進出していると言っても、教団が日本で布教活動を行っているというより、「ムリッド教団に属するセネガル人が渡日し、生活していく中で、彼らの互助組織的な存在としてムリッドの宗教コミュニティが自然に形成され、展開している」というのが実態に合った言い方だ。なお、国民の九割以上をムスリムが占めるセネガルは、国民の多くが何かしらのスーフィー教団に属しているが、ムリッド教団の信徒の割合は国民の約四割と言われるので、日本にいるセネガル人にムリッド教団の信徒がいるというのは、特に珍しいことでも何でもない。こうした事情から、ムリッド教団の施設は、在日セネガル人の多いことで知られる東武東上線《とうぶとうじょう》沿いの埼玉県東松山《ひがしまつやま》市にある。二〇二三年五月に開設された〝セリン・トゥーバの家(Keur Serigne Touba)〟がそれだ。なお、セリン・トゥーバとは、開祖のアフマド・バンバの尊称である。

セリン・トゥーバの家へ

二〇二四年夏、車窓に広がる北関東の景色を見つめ、東上線に揺られていると、あきらかにセネガル人と思しきアフリカ人が一人、乗車してきた。セリン・トゥーバの家に向かうのかと思って話しかけてみると、やはりその通り。練馬区に住んでいるムリッド教団の信徒で、これから東松山へ行くのだそうだ。

「ゲンバ(工事現場)の仕事をしているけど、最近は円安で大変だよ。在留期限も切れるから、そろそろセネガルに帰ることになりそう――」など、世間話をしながら東松山駅を出て、二〇分少々歩くと、ファミレスの居抜き物件を改装した「セリン・トゥーバの家」が見えてきた。国道沿いに建つパチンコ屋やファミレスを改装したモスクに出くわすのが昨今の日本の地方都市に増えた風景だが、ここはさほど「モスク」のような外貌《がいぼう》はしていない。内装はレストラン時代のバーカウンターがそのまま設置され、壁には「暴力団排除宣言」のステッカーが貼られたままだが、狭い体育館ほどの床一面に絨毯《じゅうたん》が敷かれ、五〇人位のセネガル人が座り、寄り合い話に花を咲かせているところを見ると、ここが日本の地方都市であることを忘れる。この中で耳に入って来る言語はウォロフ語（セネガルの共通語）だけ。毎月第一日曜日の午後はこのように信徒の集会（ダイラ）が月例で持たれているそうだ。

施設責任者のセリン・ファル・ガイ氏に話を聞いた。

「以前は朝霞《あさか》市の公民館で月例の集会をしていました。マガル（ムリッド教団の年次の祭礼）は三年前からこちらの物件を使っています。居抜き物件で売りに出されていたんですが、オーナーがいい人で、マガルを実施する三日間で五万円でいいからと貸してくれたのが三年前。いい物件なのでぜひ購入したいと思っていたのですが、お金が足りないので諦めていました。オーナーのほうでは『スーパーマーケットにするか、ジャスコにするか』とかいう話もあったそうですが、結局、『自分は金に困ってないから、ぜひどうぞ』と頭金を安く抑えて、とても良い条件で売ってくれたんです」

この施設の購入価格は六五〇〇万円で、月に四五万円の分割払いとのこと。おおむ

セリン・トゥーバの家。不器用なカタカナ表記が特徴的

ね宗教教団なるものは会費のシステムで、こうした固定費に徴収した会費を充てるものだが、セリン・トゥーバの家では会費のように決まった額を全員から徴収するのではなく、出せる人が出せる範囲で支払うものらしい。公民館だと手狭で借りられる時間も決まっていて不便だったため、こうした恒常の施設の入手はここに集うセネガル人みなの切望であったようだ。「建物の周囲も全部合わせると一六〇〇平米あります」と、広々としっかりとした場所で活動できることを誇らしく思う様子がうかがえた。居ぬき物件だった施設駐車場には、モスクのように、礼拝の前に足を洗う専用の水道も設置され

である。

ここに集う在日セネガル人は一〇年以上も日本に住んでいる人から最近来日した人、また難民認定申請中の人など、本当に雑多な身の上の人たちだ。ただ、女性の姿は少ない。男性が50人ほどいるのに、女性は一人か二人しかいない。「ダイラ（集会）には女性はあまり来ないですね。家で子供の世話があるから」とのことだが、在日セネガル人全体としてそもそも男性の比率が高いのと、性別役割が顕著なイスラームの宗教文化のためであろう。

集会は正午過ぎに始まり、日本語教室、宗教詩の詠唱、午後のお祈り、ズィクルと呼ばれる集団で円を描くように回りながら聖句を朗唱する実践があって、夕方から一時間弱の事務連絡が行われるプログラムだ。事務連絡では「病気になって入院した同胞へのカンパ」から「近々行われるマガルの準備」「セリン・トゥーバの家のSNSアカウント開設」など（全てウォロフ語で話されるので僕が理解できたテーマに限る）、在日セネガル人の宗教と日常生活に係わる様々な事柄が話される。ただ、全員がこの集会プログラムにしっかり参加するというより、駐車場で駄弁《だべ》っていたり、部屋の後ろの方でスマホをいじったり、動画を見たりなど、無為に過ごす人も多い。せっかく来たのだからスマホをいじるだけでは時間が勿体《もったい》ないのではないかとふと思ったが、

セリン・トゥーバの家の中の様子

彼らにとって、この日のプログラム全部に真面目に参画することより、この〝場〟の空気に身を置くことそれ自体が重要なのだろう。たとえて言うと「実家に帰った安心感」というか、ウォロフ語の駄弁や宗教詩やクルアーンの読誦を耳にしながら、ぼーっとスマホをいじって無為に過ごすのも、有意義なこの場での時間の過ごし方なのかもしれない。

「やはりここに来ると、いいですね。私は埼玉ですけど、千葉とか東京から、みんな集まってきます。ここでしか会えない人もいるし、まあ、ぜんぜん知らない人もいますけど」

彼らと話し、この〝場〟を観察する

と、ここが、東松山や坂戸《さかど》などの東武東上線沿いから千葉や東京、神奈川まで、首都圏に住まうセネガル人コミュニティの寄り合い場としての役割を果たす重要なエスニックチャーチであることが分かる。ムリッド教団の信徒のみでなく、他のイスラーム教団やキリスト教徒のセネガル人も来るらしい。布教活動ではなく、移住者コミュニティの集う場として機能するエスニックチャーチ型としての宗教の展開は、第5章の追補で述べたとおり、本書で紹介してきた「アフリカに進出する日本の新宗教」では存在しないタイプである。

私服警察と多文化共生

さて、ここ、セリン・トゥーバの家の集会で注記しておきたいのは私服警察官の姿があること――というと、「イスラーム教団の集会に私服警察官？」と身構えてしまうが、私服警官がいるのは「テロリストを警戒しているから」ではなく、次のような理由だそう。

「警察の方は以前から呼んでいます。だって、イスラームはテロのイメージがあるでしょう。我々は何も悪いことはしてないし、我々はいい人なんだということを分かってもらうためです。ちゃんと見て、安心してほしいので、警察の方を呼んで、参加しいますてもらっています。あと、地震や災害が発生したらどうすればいいか、防犯はどうすればいいか、日本で生活していくために知っておくべきことを話してもらったりしています」

確かに、警察の側にしてみても、日ごろからこうした関わりがあれば、何かセネガル人絡みのトラブルが発生した際、「得体のしれない集団」としてではなく、臆せず、不審がらずに対応できるという利点もあろう。無用なトラブルは事前に防いで、公権力とは良好な関係を保ち、日本社会に溶け込む、彼らのある種の戦略ともいえる。警察の方に話を聞くと、こう聞かせてくれた。

「災害が起きた際の避難場所のことや防犯など、風習が異なる外国人の方々の生活のアドバイスを、彼らの集会の中で時間をもらって話をさせてもらっています。警察全体として、外国人住民にそういうケアをしていこうということになってるんですよ。在留資格についてももちろん注意喚起します。でも、基本的にはここの責任者の方がしっかりと『日本の法律を守ろう』と同胞のセネガルの方に呼び掛けてくれているので、我々はそのサポートですね」

彼らが日本に住む異国の民の共同体として、ホスト社会との共生を真摯に努めようとしていることがうかがえる話はさらにある。二〇二三年春の開所の際に、ガイ氏らは東松山の市役所を訪ねたそうだ。

「ここが開所するとき、東松山の市長のところまで在京セネガル大使と一緒に挨拶に行ったんです。市長さんはとても喜んでくれましたね。『東松山は中国人もたくさんマンション借りて住んでいたりしますけど、挨拶なんか来ない。来てくれたのはセネガルが初めてですよ!』ってすごく歓迎してくれました。市長さんは『なんでも困ったことがあったら来てくださいね』と言ってくれました」

セリン・トゥーバの家の機能と目的

西アフリカ研究者の清水貴夫氏(京都精華大学)によれば、このセリン・トゥーバの家の機能は「①宗教的な拠点、②在日セネガル人の育成とセネガル文化の日本への伝達、③来日直後のセネガル人へのサポート」だそうだが、改めてこの施設の目的をガイ氏に聞いてみた。

「ここは、イスラームの勉強と良い生き方を学ぶこと、それが目的です。信徒として生きていく『家』のような存在にしたいですね。日本人の方にも参加してほしいです。セリン・トゥーバが分かってもらえるように。日本の方に対しては『文化センター』と言ったほうが分かりやすいので、『セネガル文化センター』として紹介したりもしています。セネガル料理もあるし、セネガルのこともフランス語もイスラームも教えますよ、と。マガルの際はチラシを近所の家に投函して、『ぜひ、来てみてください』と声を掛けています。あと、今後のことですが、しっかりしたモスクに改装したいですね。予算的に難しいから、とりあえずこのままですが。予算のめどが立ったらモスクに改装したいです」

「日本の方には、ここがオウム真理教とか、そういう危ないところではないと知ってほしいんですね。私たちは日本でやっちゃいけないことは全部わかっていますから。セリン・トゥーバの教えは『憎しみを愛せ』という平和の思想です。セネガルはフランスの植民地支配を受けていたけど、それを恨み続けてはならない、全て赦《ゆる》すとセリン・トゥーバは言いました。そうした平和、愛の思想をちゃんと日本の方に知ってほしい。ちゃんと知ったら、日本の人もセリン・トゥーバのことをみんな好きになりますよ」

集会に来る日本人

施設内のところどころにHELP BUILD MASJID（モスクを建てるのを助けて）と書いてある募金箱が見えた。ここに集うセネガル人が持てるお金を出し合って、改修費

モスクへの改装のための募金箱

用を工面しているようだ。モスクとは本来、単なる祈りの場であるだけでなく、人生相談や学校など、より広範な機能を持つムスリムのコミュニティの拠点である。現在はまだ、在日セネガル人の寄り合いの場としての機能がメインだが、彼らがここを、普遍的なイスラームの信仰生活の拠点として捉えていることが分かる。ただ「セリン・トゥーバの教えを伝えたい」とは言うものの、代々木上原の東京ジャーミイなどのようにイスラームを紹介する日本語の小冊子があったり、「日本人のためのムリッド講座」のようなものを開設したりはしていない。イスラーム、就中ムリッドの教えを広めるには人員も金もノウハウもまだまだ発展途上の段階である。

さて、ここセリン・トゥーバの家は、（日本人への布教拠点ではなく）在日セネガル人のエスニックチャーチであるため、集会に来る日本人は、私のような研究者かセネガル人の夫を持つ日本人女性、または警察官くらいしかいない。が、一人だけ、セネガルの民族衣装をまとったアジア人男性が集会の途中から参加しているのに気づいた。聞くと、「セネガル滞在中にムスリムになった」という日本人男性だという。

日本人が海外在住中にその国の宗教や文化に惹かれ、新しい信仰を始めることはままあることだろう。この人の場合、おそらくたまたま行った外国がセネガルで、そこで出会ったイスラームがたまたまムリッド教団だったわけで、そこには「イスラームの中でもわざわざ（珍しい）ムリッド教団を選んで入信した」という選択的な意思はなかったはずだ。僕が出会った日本の新宗教を信仰する多くのアフリカの人々も、例えば創価学会員であれば、「彼らの人生体験でたまたま出会った仏教」が創価学会だっただけなので、それに近い。

この人のようにイスラームに入信する日本人はたまにいるが、宗教離れの進んだ日本社会においては「自分が信仰する宗教からイスラームに〝改宗〟した」というより、「イスラームを通じて〝宗教性〟に出会い、参入した」という言い方が自然だろう。

読者諸賢もきっと、日本人でイスラームに入信するという、「たまにいる変わった人」を見たことがあるはずだ……が、ここでふと気づいた。僕がアフリカで出会った日系新宗教を信仰する人も、初めは現地のアフリカ社会の「たまにいる変わった人」だったはずだろう。そういう「たまにいる変わった人」が周囲の人たちに教えを伝播した結果、その宗教が人々に浸透し、コンゴの統一教会やコートジボワールの崇教真光などのように、その社会に定着していったのである。となると、ムリッド教団に参入する一人の日本人から、徐々にムリッド教団が日本に浸透、定着していくことにもなるかもしれない。というのも、ムリッドは異国の地でもなお、こうして多くの人々を集わせ、社会との共生を模索する「ちゃんと知ったら、日本人もセリン・トゥーバをみんな好きになりますよ」という教えだからだ。

「こんなところにセネガル人」

集会が終わると、おもむろに床にブルーシートが敷かれ、大皿に盛られたチェブジエン（セネガルの炊き込みご飯）が運ばれ、愛餐会《あいさんかい》が始まった。皆、ウォロフ語でがやがやと団欒しながら、セネガル流に、床に置かれた大皿のご飯を手づかみで手早く口にかきこむ。この建物から一歩外へ出れば、田畑の向こうのロードサイドに「山田うどん」や「しまむら」の看板が浮かぶ埼玉県東松山市になるはずだが、この食事風景だけを切り取って、そんな現実を誰が想像できようか――。

食事に与《あずか》った後、セリン・トゥーバの家を出て、夏の夕暮れを東松山駅に向かって歩くと、道の途中で西アフリカの派手なパーニュ（布）をまとったアフリカ人女性数人とすれ違った。ここ東松山だけでなく、隣の坂戸市も、セネガル食材店があるせいか、特に日曜は民族衣装で道行くセネガル人にすれ違うことが多くある。東京や大阪という大都市ではなく、また六本木や歌舞伎町という繁華街でもない、こんな埼玉県の片田舎に、西アフリカの布をまとったセネガル人女性が闊歩して向かうイスラーム神秘主義教団の寄り合い場があるなど、日本人にとっても、セネガル本国のセネガル人にとっても、きっと想像だにしない事実だろう。

セネガルのテレビ局にはぜひ「こんなところにセネガル人」といった番組を作りにここへ来てほしい。是非、案内したいと思う。

あとがき

本書の改稿作業中に中部アフリカ、赤道直下のガボン共和国に住むことになった。この国は、執筆中に住んでいたブルキナファソとは同じフランス語圏という共通点はあるものの、民族も気候も産業も宗教もまるで違う。モシ族のブルキナファソは内陸に位置し、イスラム教がマジョリティで、モスクの似合う乾いた赤褐色の最貧国だったが、ファン族のガボンはギニア湾に面し、国土の八割が熱帯雨林のキリスト教徒が多数を占める産油国だ。

ガボンにはどんな新宗教がどのようなコンテクストで広まり、どのように受け入れられ、信仰されているのだろう。それに、「呪術師が呪術を使った容疑で逮捕された」というニュースも聞かれるくらい精霊信仰が盛んな国だ。日本の新宗教以外にも、これからどんな未知のスピリチュアリティに出会うだろう。この国での生活が楽しみでならない。

三年間のアフリカ・ブルキナファソ生活で様々な宗教を信仰する様々な人に出会ってきたが、アフリカ大陸の広大さに比べると、本書でカバーできたのはほんの一部である。冒頭の地図を見ていただければ分かる通り、本書で紹介した以外にも、僕が知る範囲だけでも多くの国で多種多様な新宗教コミュニティが存在している。

紹介しきれなかった、取材しきれなかったことがたくさんある。

一九六〇年代に同地を訪問した教祖をたまたま乗せたタクシードライバーの入信から始まり、今では首都に大規模な教会が建つまでになったコンゴ共和国の天理教。

一人の青年が或る夜に見た夢の中に出たアジア人を探し求め、谷口雅春《まさはる》に出会い、導かれるままに入信し日本人と結婚。突如として活動を始めた七〇年代のガーナの生長の家。

創設者が居を構え、「次世代の偉大な地球文明が湧出する地」と謳った南アフリカのサイエントロジー。

ブラジル経由で崇教真光、世界救世教、生長の家、ＰＬ教など、多くの新宗教が移入され、世界救世教の自然農法実施農場も存在する世界一物価の高い国、アンゴラ。

そして、統一教会をはじめ、日蓮正宗、創価学会、キンバンギズム教会、エホバの証人、バハイ教等、様々な信仰が存在するが、神仏の加護なく内乱の絶えないコンゴ民主共和国。「新宗教」という非常に狭い間口に限っても、アフリカはまだまだ未知なものに溢れる、興味の尽きない大陸だ。

新宗教とアフリカ……本書のテーマだが、なんともミスマッチな組み合わせだと改めて思う。こんなミスマッチなタイトルの企画を快諾し、僕の未熟な文章の改稿作業に付き添い、出版してくださった花伝社の皆様に、また手に取って読了してくださった読者の皆様に、そしてなにより、「信仰心」というセンシティヴな事柄に付き合って、僕の拙い取材に慈悲深く協力してくださったアフリカの素晴らしい信仰者の皆様に心からお礼を申し上げたい。

二〇一六年四月八日の灌仏会、ガボン共和国リーブルヴィルにて

文庫版あとがき

刊行してから一〇年近く経った本書『アフリカに進出する日本の新宗教』がこの度、文庫本になった。はっきり、一言、「嬉しい」のほかに言葉がない。二〇一六年の本書の刊行の後、少なくない宗教研究やアフリカ研究のプロの研究者の方々や、ジャーナリストや宗教家の方々から「書籍読みましたよ」と、お声を頂戴したことがあった。余暇を見つけてアフリカを巡り、つらつらと思うままに書いた散文が、きっとこのようなテーマの著作物は少なかったからだろうとは思うけれど、プロの目にもとまったのかと感激した。今回の文庫化によってより多くの人たちの目に触れることになろう。望外の喜びである。声をかけてくださった筑摩書房の皆様には、心からの感謝を申し上げたい。

さて、この本を書いていた当時、僕は「在外公館派遣員」という任期付きのポストで、在ブルキナファソ日本大使館で、いわば契約社員として働いていた身だったが、その後二年間ガボンで開発コンサルタントの仕事をし、この本の刊行がきっかけと言えばきっかけで、真面目に宗教学を学ぼうと大学院に入り直し、今は社会人学生として博士課程に在籍している。その傍ら、懲りないもので、今もなおずっと「アフリカに進出する日本の新宗教」のテーマを追い、現場に通い続けている。本書の刊行後、今まで見聞してきた「アフリカに進出する日本の新宗教」の現場は次のとおりだ。

・サントメ・プリンシペには、アンゴラから移入された世界救世教が運営する自然農法の農園もあったし、統一教会が運営している職業訓練学校もあった。
・コンゴ民主共和国では、統一教会が開設している高校や中学校を見た。
・コンゴ共和国では、天理高校も天理病院もあるミニ「天理教タウン」を訪問した。
・レユニオン島（インド洋に浮かぶフランス領の孤島）には崇教真光の道場があり、そこで、レユニオン島に移住したマダガスカル人の信者が「マダガスカルにも真光の道場があったらいいのに」と話すのを聞いた。
・マダガスカルでは、マダガスカル語がペラペラで、現地住民相手にマダガスカル語でエホバを証ししているエホバの証人の日本人宣教師たちに出会った。
・マダガスカルにはフランスの天理教の教会で空手を学び、天理教に入信しておぢば

コンゴ共和国の天理教施設と信者たち

天理教施設の中の様子

帰り（天理教の神殿への巡礼）も果たしたマダガスカル空手界の大御所がいた。

僕の言語能力の理由からどうしてもフランス語圏が多くなるが、すぐ思い出せる限りでも、こうした多くの現場に通ってきた。また、本書のそれぞれの章の後日談もある。

第二章で紹介した幸福の科学のアフリカ伝道は、ケニアで教団の書籍が公立高校の副教材に指定されるという成功があった。が、今は停滞しているらしい。ケニアの後、同様の取り組みをナイジェリアなど他の国でも進めていたそうだが、ケニアでの成功の立役者だった元商社マンのアフリカ伝道責任者が退任してしまったため、できなくなったのだそうだ。幸福の科学は、二〇二三年に大川隆法総裁が亡くなってしまい、国内の本体すら今後どうなっていくか不明瞭だが、海外活動はどう進んでいくだろう。展開を見守っていきたい。

第5章（二一一頁）で紹介した、日本人女性と結婚し日本に移住したコンゴ人の統一教会信者の方にも、日本でお会いした。医学の博士で日本の大学で研究職として働く、カトリックの家に生まれた紳士だった。統一教会への回心や信仰体験を「夢のお告げ」や「幻視」などの神秘体験を踏まえて語るのが印象的だった。また、残念な知らせだが、ブルキナファソ在住の統一教会信者の日本人女性のうちの一人は生活苦からか、日本に帰国したという話も聞いた。本書の執筆中に行くことができず心残りだった「たまたま飛行機のトランジットで滞在した天理教真柱《しんばしら》・中山正善《しょうぜん》を乗せたタクシー運転手が入信した」という偶然の連続で教えが広まったコンゴ共和国の天理教の教会も訪問し、現地のコンゴ人の天理教信徒と対話することができた。

また、取材当時にはなかった問題も発生している。例えば世界救世教の分裂騒動だ。二〇一八年六月、世界救世教の教主の岡田陽一氏が世界救世教の本来の教えから逸脱し、キリスト教に入れあげたとして、教主を解任され、教主自らが異端的な分派活動を起こすという宗教界を揺るがす一大事件が起こったが、この余波がアフリカにまで波及している。解任翌月の二〇一八年七月にはアンゴラで信者が大量脱会、八月には分派活動が起こり、拠点の占拠や献金の横取りの事案が発生し、警察沙汰に発展。翌年一月には占拠事件で暴力沙汰にもなった。アフリカ人の世界救世教信者十万人弱が日本と同じように分断されてしまっている（数としては恐らく半々と思われる）。このように、第6章で紹介した創価学会と日蓮正宗の争いと同様、新たにまた、日本国内での宗教のいざこざがアフリカに移入される事態が発生しているのだ。

さて、本書の刊行後に見知った興味深い事実を二つ紹介する。まず、本書の執筆中には恥ずかしながら読んでいなかったが、フランスの宗教学者フレデリック・ルヴォ氏の論文*Un Prophétisme Japonais En Afrique De L'Ouest*（西アフリカにおける日本の預言主義）に、ベナンにおける崇教真光の展開の背景にはベナンの薔薇十字会《ばらじゅうじかい》（Antiqus Mysticusque Ordo Rosae Crucis：ＡＭＯＲＣ）からの集団的な改宗があったという記載があったことだ。世の中に「薔薇十字」を名乗るオカルト団体は多々あるが、この薔薇十字会は西洋エゾテリスム（神秘主義）・オカルティズムの思想的系譜から二十世紀初頭にハーヴェイ・スペンサー・ルイスという米国人によって創設された「秘密結社」で、仏語圏のアフリカには植民地期にフランスから移入され、展開していることが知られる。崇教真光は元をたどれば世界救世教からの派生であり、世界救世教は大本教に繋がる。そして大本教は西洋の近代スピリチュアリズムの影響を多分に受けており、近代スピリチュアリズムの源流の一端は西洋エゾテリスムに辿り着く。共にエゾテリスムという「オカルト」を共通祖先とする薔薇十字と崇教真光がアフリカの地で邂逅《かいこう》するというスケールの大きな歴史を見た気がした。

なお、実はアフリカは薔薇十字会やフリーメーソンといったいわゆる「秘密結社」が盛んに展開しており、社会の上位層にメンバーが多い。入会しておかないと政界で不利になるのか、中部アフリカのガボン共和国には、元々メンバーではなかったが、大統領就任が決まっていそいそと入会したアリ・ボンゴ元大統領という人もいた。ちなみに、ガボンは特にフリーメーソンが盛んで、首都の大規模書店の一角に「エゾテリスム」のコーナーがあり、いわば信濃町の本屋で創価学会の数珠《じゅず》が販売されているような自然さで、フリーメーソンのタブリエ（前掛け）や儀式で使用する剣が（ファッションではなく当事者用に）売られるなどしている。

また、マダガスカルでは神智学に魅せられたイエズス会士が一九三〇年代に『マダガスカル仏教』という書籍を刊行し、「マダガスカル人の先祖はアーリア人の仏教徒だ」と主張して、ナショナリズムの高揚に一役買った歴史もある。神智学やフリーメーソン、薔薇十字会などの「オカルト」のアフリカへの展開を本格的に調べたら、（きっと、泥沼に嵌《はま》るかもしれないが）誰も見たことのない世界が見られるのではないかと思っている。

次に、コンゴにおける統一教会の信仰とベルギー植民地時代に成立したコンゴ土着のキリスト教系新宗教「キンバンギズム教会」との文脈的親和性である。コンゴ人の統一教会信者の一人から聞いたのだが、キンバンギズム教会には「イエスはアジアから現れる。黄色い肌をしている」や「我々の子どもは黄色い肌の人と結婚するだろう」というナラティブや、「統一」という言葉を重視する教えがあるという。ある意味、預言の成就のようなコンゴにおける統一教会の展開を、彼は「コンゴは統一教会を受け入れるように準備されていたんだ」と総括した。つまり、コンゴ人としての主体的な精神性から統一教会のコンゴでの展開を解釈しているわけである。

統一教会の展開に関するコンゴ独自の土着的な文脈――。調べてみると非常に面白そうな事柄が発掘できそうなので、このあたりの深堀りは、今後の課題としていきたいと思っているところだ。ただ、これについては、話を聞いた統一教会のコンゴ人信者がそう言っているだけで、もしかしたら、キンバンギズム教会の方に聞いたら「そんなのは事実無根だ」と言われるかもしれないが――。

世界は広いようで実は狭い。そして、この世界に生きる一人一人の人生は、この世界よりずっと広くて深いが、狭いところで相互に密接に繋がっている――。それが、本書の取材と執筆を経て僕が感じたことだ。アフリカも、日本人の眼からは、最も遠い文化圏のように見えるけれど、実は思わぬところで〝具体的に〟日本と繋がっている。

僕が初めてアフリカの地に降りたのは一五年前。本書を書いていたのは一〇年前だが、当時より、日本の特に若い世代の眼がアフリカに向いているように思える。これは、僕の単なる肌感覚かもしれないが、ビジネスの分野、また学術研究の分野で、アフリカに対する若い世代の参入と実績がかつてより顕著で、僕の研究する宗教学の分野もアフリカをフィールドにしたレベルの高い業績がかつてより増えたと感じている。ビジネスでも、学問でも、ジャーナリズムでも、外交でも、開発協力でも、アフリカに係わる一人の日本人として、もっとたくさんの若者がアフリカの「現場」に参入してくれることを僕は期待している。このアフリカの大地は、優しく僕たちに開かれている。

二〇二四年八月一〇日、メッカ郊外の洞窟で瞑想に耽るムハンマドに大天使ジブリルがあらわれ、唯一神アッラーの啓示を授けたとされる日、横浜にて

著者

解説　中国、アフリカ、新宗教

安田峰俊

もはやコロナ前の話だが、しばらくアフリカに興味を持っていたことがある。

私の「本業」である中国ジャーナリズムの仕事のなかで、中国とアフリカ諸国との関係を追っていたからだ。

たとえば、広東省広州市の小北《シャオベイ》地区には、東アジアで最大規模のアフリカ人コミュニティが存在した。私が取材をおこなった二〇一七年当時、この一帯のアフリカ人は公的に確認されている人だけで約二万人、地元の噂では不法滞在者を含めて一〇万〜三〇万人が居住すると囁《ささや》かれていた。自称・他称ともに、現地のあだ名は「チョコレート・シティ」もしくは「東洋のブルックリン」。アフリカ人たちの国籍はさまざまだが、小北地区の中心部からすこし離れた瑶台西街《ヤオタイシージェ》にはナイジェリア人が集中して住んでいるなど、言語や国籍・民族などによって地域内ではやや分布のバラつきがあるらしかった。

彼らが中国に来た目的はビジネスだ。ビザ取得が不要なトランジット（乗り換え）を利用して中国に入国し、母国に持ち帰る商品を買い付けるアフリカ人が多数おり、なかには現地の知り合いのつてなどをたどってそのまま中国に在留してしまう人もすくなからずいた。

取材中には、彼らの「信仰」にも触れた。小北地区の近くには、ムハンマドのメッカ時代からの仲間で唐代の広州で没したと伝わるサード・ブン・アビー・ワッカースの墓があり、その敷地内にはモスクがあるのだ。私の取材当時は、ウイグル系以外のモスクはまだ中国政府から強い規制を受けていない時期だったので、モスクではアフリカ系のムスリムたちが祈りを捧げる姿を見ることができた。

現場にいた回族《かいぞく》（中国国内でイスラム教を信仰する少数民族）の男性によると、近頃は地元の回族は世俗化してなかなかモスクに来なくなり、広州で暮らすアフリカ系や中東系の人たちのほうが熱心に祈りを捧げにくるという。私は見つけられなかったが、おそらくモスク以外の彼らの宗教施設（キリスト教の教会など）も、家庭規模のささやかなものも含めれば存在しただろう。

その後、小北地区のアフリカ人コミュニティは、コロナ禍にともなう海外渡航の停滞や商店の閉店、外国人を嫌う中国人大家による部屋の貸し渋りなどを受けて、大きな打撃を被った。ただ、YouTubeなどで現在の様子を確認すると、アフリカ人の数は以前と比べると減ったものの、コミュニティ自体は残っているようだ。

二年後の二〇一九年五月、私はさらにルワンダとケニアを訪れてみた。ルワンダでは友人のつてをたどって中国留学歴のある現地の若者に案内してもらい、ほぼ中国語だけで現地を旅するという奇妙な体験をすることになった。浙江《せっこう》系の華人ホテルに宿泊し、中国国内では製品をほぼ売っていないのにアフリカではスマホシェアの約四割を握る伝音科技（トランシオン）の現地社員に話を聞き、工場内にカガメ大統領と習近平国家主席の写真を掲げる華人経営の工場を訪ね……。また、ケニアでは中国が一帯一路政策のもとでサバンナをぶち抜き建設した鉄道に実際に乗ってみた（駅の形もケニア人の女性乗務員の制服も、中国国内の鉄道とそっくりだった！）。

中国はもともと、第三世界の連帯を掲げて発展途上国との外交を重視してきた歴史がある。実は毛沢東時代から、自国もまだ貧しかったにもかかわらずタンザニアに鉄道を建設するなどアフリカ重視の外交姿勢を打ち出し、中国が国連に加入する際も「アフリカ票」が大きな影響力を持った。アフリカのエリートが中国に留学して学位を取得することも、昔から続いてきた伝統だ。

近年の中国の強国化や一帯一路政策に代表される積極的な外交政策の結果、多額の対外援助とともに中国とアフリカの関係はいっそう強化されている。そして、中国留学歴を持つようなアフリカ人エリートたちは、私に対して異口同音にこう語る。

「中国はわれわれを侵略したことがない。われわれから物を奪わず、たくさんの物をもたらしてくれる。だから欧米よりも好感を持てる」

いっぽう、本来は日本も「アフリカを侵略したことがない」東アジアの大国であるはずだ。

だが、アフリカにおける日本の存在感は薄い。政治的には大物の政治家が個人的なコネクションを持つ程度で、ビジネス面での関心も高いとは言えない。援助活動は地道に着実な成果を上げているものの、目に見える巨大な港湾や鉄道などをどんどん作る中国と比べると、広く現地の人たちから明確に認識されているとは言いがたい……。

だが、実は例外が存在した。

それが、上野庸平氏が地道なフィールドワークの末にレポートしている、日本発の（もしくは日本人会員が多い）新宗教団体のアフリカ進出だ。

まず、セックスに肯定的な姿勢を取るラエリアン・ムーブメントは、女子割礼を受けたアフリカ人女性の「エクスタシーを取り戻す」ために無料のクリトリス再生手術の実施を打ち出してブルキナファソで病院開設を目指す。ウガンダでは書店の宗教コーナーに「幸福の科学」の大川隆法の書籍がダライ・ラマの著書と並んで置かれている（しかも大川の著書のほうがずっと多い！）。

さらに天理教、崇教真光、真如苑、統一教会、創価学会と、おなじみの新宗教団体もアフリカ各国で着実に信者を増やしている。

いっぽう、同じ「仏教」を信じているからと、ブルキナファソ人の真如苑の信者がコートジボワール人の創価学会員と意気投合し……という、本国の日本ではまず見られないような人間関係も生まれている。彼らにとっては、最初に触れた「仏教」がたまたま真如苑や創価学会だった。伝統仏教と仏教系新宗教の距離感や、新宗教団体同士のライバル関係といった日本国内における宗教問題のテクストは、アフリカ人の信者たちの間では必ずしも共有されていない（もっとも、日蓮正宗と創価学会はアフリカでも仲が悪そうなのだが）。

一般の日本人の感覚から見た本書は「奇書」だろう。

そもそも、日本でアフリカの話題に興味を持つ人はあまり多くない。しかも本書が扱っているのは、南アフリカやケニアのような比較的メジャーな国よりも、ウガンダやガーナやブルキナファソなど、場所がすぐに思い浮かばない国の話のほうが多い。加えて新宗教の話題も、信仰の当事者以外にはサブカル的趣味からのウォッチ対象として扱われがちだ。

アフリカ×新宗教とは、極北のテーマ同士の究極の掛け算のように思える。しかし、本書は決して、単に好事家《こうずか》向けのイロモノ本の範疇《はんちゅう》にとどめていい書籍ではない。豊かな学術的素養と語学力を持つ著者による、文化人類学と宗教学のフィールドワークの貴重な成果である。

宗教とは何か、人間は何に心の救いを求めるのか、それが必要とされるアフリカとはいかなる土地か――。

そんなことも考えてしまう。極めて知的な刺激に満ちた、魅力的な一冊なのである。

※本稿の冒頭で紹介したアフリカ関連のルポについては、拙著『さいはての中国』『もっとさいはての中国』（ともに小学館新書）に収録されている。ご関心をお持ちの方はあわせてお読みいただければ幸いだ。

参考文献

第1章　ラエリアン・ムーブメント
『地球人は科学的に創造された』ラエル著、無限堂、二〇一二年四月
『「カルト宗教」取材したらこうだった』藤倉善郎著、宝島社、二〇一二年八月
『新約聖書』
『旧約聖書』
「L'observateur paalga」（オプセルヴァトゥール・パールガ紙）二〇一四年三月一〇日号
「Jeune Afrique」ウェブ版、二〇一四年三月七日記事
ラエリアン・ムーブメント公式ホームページ
やや日刊カルト新聞ホームページ

第2章　幸福の科学
『黄金の法』大川隆法著、幸福の科学出版、一九九七年七月
『永遠の法』大川隆法著、幸福の科学出版、一九九七年七月
『太陽の法』大川隆法著、幸福の科学出版、一九九七年七月

『「幸福の科学」はどこまでやるのか――わずか20数年で世界規模になった宗教の真実』現代宗教研究会著、幸福の科学出版、二〇一四年四月

『大川隆法ウガンダ巡錫の軌跡』大川隆法著、幸福の科学出版、二〇一二年一二月

『文藝春秋』二〇〇九年八月号

『The liberty』二〇一二年九月号

『The liberty』二〇一〇年三月号

『The liberty』ウェブ版、二〇一二年七月二七日記事「ただ今、英語勉強中の『週刊新潮』の憂鬱――BBCの名を借りて幸福の科学を『カルト』扱いする作戦が完全に裏目」

『週刊新潮』二〇一二年八月二日号

BBCウェブ版二〇一二年六月一三日記事「Uganda athletes anger at Happy Science Olympic mix-up」

BBCウェブ版二〇〇四年八月三日記事「Ex-Uganda leader weds by satellite」

NEW VISIONウェブ版二〇一二年七月二七日記事「Happy Science Uganda files defence in sh121m suit」

FOX NEWSウェブ版二〇一二年七月一〇日記事「Contentious religion from Japan succeeds in Uganda」

幸福の科学公式ホームページ

外務省ホームページ

Human Rights Watch公式ホームページ

第3章　真如苑

『新宗教　儲けのカラクリ』島田裕巳著、宝島社、二〇一三年二月

真如苑公式ホームページ

第4章　崇教真光

『スピリチュアル・アフリカ』落合雄彦編著、晃洋書房、二〇〇九年一〇月

Radio France International 二〇一〇年二月二七日放送「Un nouveau mouvement religieux: Sukyo Mahikari, du Japon à l'Afrique」

崇教真光公式ホームページ

第5章　統一教会

『平和を愛する世界人として——文鮮明自叙伝』文鮮明著、創藝社、二〇一一年四月

『カルトの子——心を盗まれた家族』米本和広著、文藝春秋、二〇〇四年二月

世界基督教統一神霊協会公式ホームページ

神渡良平『ゴム草履の宣教師——アフリカに賭けた青春』光言社、一九九二年

第6章　創価学会

『日本の10大新宗教』島田裕巳著、幻冬舎、二〇〇七年一一月

『ＳＡＰＩＯ』二〇一一年三月九日号
「大白法」平成一〇年三月一六日号
「大白法」平成一三年三月一六日号
「聖教新聞」二〇一三年八月一八日号
創価学会公式ホームページ
Proud Black Buddhist ホームページ
創価大学ホームページ
日蓮正宗公式ホームページその他
『平成26年版　宗教年鑑』（文化庁）
『新宗教事典』井上順孝・中牧弘允・孝本貢・西山茂・対馬路人編、弘文堂、一九九〇年三月

文庫版新章　日本に進出するアフリカの新宗教

清水貴夫「ムーリッドを中心とする在日セネガル人の民族誌的研究序説」『インターセクション』二号、二〇二四年三月
池邊智基『セネガルの宗教運動バイファル――神のために働くムスリムの民族誌』明石書店、二〇二三年

Louveau, Frédérique. *Un prophétisme japonais en Afrique de l'Ouest. Anthropologie religieuse de Sukyo Mahikari (Bénin, Côte-d'Ivoire, Sénégal, France)*, Paris: Karthala, 2012

世界救世教ホームページ「アンゴラに於ける教団浄化のこれまでの流れ」（二〇一九年二月七日）

Dama-Ntsoha, *Le Bouddhisme malgache ou la civilisation malgache :Essai d'analyse et de reconstruction historique*, Tananarive :Impr.Antananarivo, 1938

本書は二〇一六年七月に花伝社により刊行された。文庫化につき、加筆修正のうえ、「文庫版新章　日本に進出するアフリカの新宗教」「文庫版あとがき」と解説を新たに収録した。

章扉・目次デザイン　中村道高（tetome）

ちくま文庫

ルポ　アフリカに進出《しんしゅつ》する日本《にほん》の新宗教《しんしゅうきょう》
増補《ぞうほ》新版《しんぱん》

二〇二四年十一月十日　第一刷発行

著　者　上野庸平（うえの・ようへい）
発行者　増田健史
発行所　株式会社　筑摩書房
東京都台東区蔵前二―五―三　〒一一一―八七五五
電話番号　〇三―五六八七―二六〇一（代表）
装幀者　安野光雅
印刷所　中央精版印刷株式会社
製本所　中央精版印刷株式会社

ISBN978-4-480-43982-6　C0114